地球の歩き方 島旅 08
4訂版

ボニンブルーの海に守られた
手つかずの自然に触れる

小笠原
OGASAWARA

父島
母島

JN202240

島の皆さんからのメッセージ
小笠原へようこそ！

小笠原で暮らし、島を愛する皆さんが、
小笠原の魅力やおすすめの楽しみ方を教えてくれました♪

旭平展望台から兄島瀬戸の美しい海の色を一望！

SUPでのんびり海のお散歩を体験してみてください。季節によっては湾内でアオウミガメに会えるかも！

大村 P.91
ウエスト ANNEX
有田 朋彦さん
有田 純子さん

ウェザーステーションは、地元ファミリーのランチスポット！

朽ちていく戦跡がそのまま残る父島。半日空いて何をするか悩んだら、戦跡ツアーがおすすめです。

たまには宿だけ予約して、予定を決めず"行き当たりばったり"で過ごしてみては？

大村 P.87
あめのひ食堂
田中 心さん

フリーの日を作って、島をゆっくり歩いてみて

北袋沢
菜彩家（農家）
緒環 暁二さん

野生のイルカと1年中遊べるのは日本ではここだけ！

小笠原の最大の魅力は釣り！カンパチやインマグロなど50kgを超える大きな魚もいます！

繁忙期、ビジターセンターではレイ作りなど島ならではのワークショップを開催！

大村 P.28
洋風居酒屋 CHARA
石山 征侍さん

休日の楽しみは青灯台での魚釣り

もちろん新鮮な魚介もおいしいよ〜

大村 P.86
小笠原ビジターセンター
打込 みゆきさん

島の風景はすべてが映えるスポット！

げんちゃん

取れたての島野菜は本当においしい！島へ来たら、ぜひ旬の野菜を味わって。

大村 P.87
南国酒場 こも
小森谷 和良さん

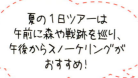

夏の1日ツアーは午前に森や戦跡を巡り、午後からスノーケリングがおすすめ！

お昼は弁当を持ってウェザーステーション展望台へ！

大村 P.78
小笠原の陸域ガイド&カメラマン
語りべマスオ **冨田 マスオ**さん

開拓から米軍統治下、現在へ……独自の歴史を伝えるヒストリーツアーが好評です！

傘山は東も西も見晴らせる眺望スポット♪

奥村 P.31
パットイン
瀬堀 翔さん

何をしようか悩んだら、お気軽にB-しっぷへ！

大村→境浦→扇浦→小港と、バスで絶景ビーチのはしごもできますよ〜。

大村 P.134
小笠原村観光協会
山谷 健さん

夕日から夜にかけて、オガサワラオオコウモリが見られるサンセットナイトツアーがおすすめ。

エダサンゴが見られる製氷海岸が好きです！

天然記念物を身近に見られる島です

小笠原世界遺産センターでは固有種のマイマイやハンミョウを展示！飼育風景が見られるかも!?

大村 P.86
環境省
小笠原自然保護官事務所
吉田 裕美さん

扇浦 P.83
小笠原自然探検隊ONE
石井 亮さん
由希さん

ととの船で、海に出るのが好き！

ほなみちゃん あきほちゃん

島の自然が育む多彩な食材の魅力を堪能して！

日本一の夜空、小港海岸の星空は必見！ぜひ足を運んでね。

小港 P.30
風土の家 TETSUYA
中村 哲也さん

小笠原海洋センターではウミガメ教室のほか餌やり体験もできます！

ウミガメは毎日見ても飽きません！

奥村 P.86
小笠原海洋センター
清水 菜々子さん

3

日常から離れて……ゆったり流れるアイランドタイムに浸る

島旅×ジブン時間

東京から1000kmを隔てた島では、時間が緩やかに流れていく。
船は6日に一度しか行き来しないのだ。急がず楽園の空気に身を任せよう。
誰にも遠慮をすることはない。さあ、心も体も解放して！

標高267mの旭山は遊歩道の入口から頂上まで徒歩30分ほどの気軽なトレッキングコース。展望スポットからは二見港を一望できる。

Ocean

[島旅×ジブン時間]

雄大な海が魅せる自然のドラマ

小笠原諸島は広大な海域に浮かぶ大小30ほどの島々。周囲には深く澄んだ紺碧の海が広がる。ボニンブルーと呼ばれる大海原は、クジラやイルカをはじめ多くの海洋生物を優しく包み込む。

1. 父島の南西端のジニービーチは、ボートやカヤックで海からアクセス
2. 好奇心旺盛なミナミハンドウイルカと一緒に泳げる夢のようなツアーも
3. 自然との一体感が魅力のシーカヤック。海面を滑るように進む爽快体験!
4. 日本有数のカツオドリの繁殖地で知られる小笠原。5〜9月がシーズン
5. チョウチョウウオの仲間、日本固有種のユウゼンの群れが見られる
6. 美しい自然に彩られた小笠原への旅は、子供にとっても貴重な体験

写真提供:Hiroshi Sato(3)、小笠原村観光局(4、5)

上／父島の南西に浮かぶ南島。奇岩に守られたソーダ色の扇池が美しい
下／12〜5月頃、小笠原諸島周辺には子育てのためザトウクジラが集まる

Forest

島旅×ジブン時間

固有の生物が息づく世界遺産の森

大陸と一度も地続きになったことがない小笠原には、固有の動植物が生息する豊かな森が広がる。
絶海の孤島で生まれた独自の生態系は、人類が守り継承していくべき世界自然遺産に認められた。

1. 潮風が当たる海沿いの崖には背の低い植物しか生えず眺望は抜群
2. ガイドツアーでは固有植物や生態系についての話を聞かせてもらえる
3. 外来生物や種子を持ち込まないよう、森に入る前に服や靴を掃除して
4. 体長約3cmの樹上性カタツムリ、オガサワラオカモノアラガイ
5. 可憐な光を放つグリーンペペは4〜11月頃にナイトツアーで見られる
6. 固有植物が繁茂する母島の乳房山。生命感に満ちた森の姿に感激！

写真提供：小笠原村観光局(4)

上／有人島では母島にしか生息しないメグロ。集落でもよく見られる
下／ガイド付きツアーのほか、自分で歩ける遊歩道も用意されている

Culture

島旅×ジブン時間
自然に寄り添い亜熱帯の島で生きる

ゆったりと流れる島時間に身を任せると、心地よい解放感がストレスを溶かしてくれる。「お帰り」と迎えてくれるあたたかさ、「行ってらっしゃい」と送ってくれる優しさに感激。

1. にぎやかな大村の中心部から徒歩すぐの大村海岸。前浜とも呼ばれる
2. 小笠原海洋センターではたくさんのウミガメを保護・飼育している
3. 母島の沖港旅客待合所では、迫力あるザトウクジラが出迎えてくれる
4. 島フラは若者を中心に生み出された小笠原の新カルチャーのひとつ
5. 大村中心部のカフェ PIR HALE には、島食材を使ったスイーツが揃う
6. 沖ノ鳥島や硫黄島の文字が書かれた標識。国境の島ということを実感
7. 島民の9割が愛用しているといわれるギョサン。海遊びには欠かせない

写真提供：小笠原村観光局（4）

10

左上／道沿いに緑鮮やかな南洋植物が連なりハイビスカスが咲く
左下／夕方になると観光客も島の人も集まるウェザーステーション
右上／八丈島から伝わったとされる島寿司は絶対に食べたい島の名物料理
右下／出港するおがさわら丸をボートで見送り。これも小笠原の名物シーン

地球の歩き方
島旅 08

小笠原 4訂版 OGASAWARA
c o n t e n t s

島の皆さんからのメッセージ
小笠原へようこそ！ ·················· 2

巻頭グラフ
島旅×ジブン時間 ·················· 4

ひと目でわかる
小笠原 父島 母島 ·················· 14

小笠原の島ごよみ ·················· 16

小笠原をもっとよく知る
Keyword ·················· 18

とっておき島みやげ ·················· 20

今すぐ食べたい島グルメ ·················· 22

島のお弁当＆ベーカリー ·················· 24

島の食べ歩きおやつ ·················· 25

居心地のいい小さな島カフェ ····· 26

島酒で乾杯！
島料理自慢の居酒屋 ·················· 28

リゾート気分の島ホテル ·················· 30

海の生物図鑑 ·················· 32
陸の生物図鑑 ·················· 33
固有植物図鑑 ·················· 34

小笠原 島人 インタビュー
I n t e r v i e w

セーボレー家5代目
セーボレー孝さん ·················· 36

小笠原ユースホステル
佐々木等史・美直子さん ·················· 48

ナァ・プア・ナニ・オ・マクア主宰
猪村真名美さん ·················· 108

Recommended Routes
小笠原の巡り方 37

5泊6日プラン▶父島泊＋母島日帰りプラン ······· 38
11泊12日プラン▶父島・母島2島泊プラン ······· 39
父島 ツアーを利用する1日モデルプラン ····· 40
父島 シチュエーションで選ぶ1日モデルプラン···· 42
母島 ツアーを利用する1日モデルプラン ····· 44
おがさわら丸 船旅スケジュール ·················· 46

How to Enjoy
小笠原の遊び方 49

父島
父島 NAVI ·················· 50
父島を彩る絶景スポット10 ·················· 52
父島現地発ツアーのキホン ·················· 54
ドルフィンスイム＆南島ツアー ·················· 56
ホエールウオッチング ·················· 58
小笠原のイルカとウオッチングのルール ···· 60
エコツアーとしてのホエールウオッチング ···· 61
小笠原のクジラとウオッチングのポイント ···· 62
ザトウクジラの行動とその意味 ·················· 63
シーカヤック体験コース ·················· 64
父島スノーケリングガイド ·················· 66
スクーバダイビング ·················· 68
SUP、体験ダイビング、フィッシング ···· 69
父島ビーチセレクション10 ·················· 70
ハートロックツアー ·················· 72
東平アカガシラカラスバトサンクチュアリ～初寝山 ··· 74
小港～ジョンビーチ ·················· 75
旭山遊歩道、初寝浦遊歩道 ·················· 76
大村ゆる～り町歩き ·················· 77
戦跡ツアー ·················· 78
スターウオッチング、ナイトツアー ···· 79
ウミガメ教室、パラセーリング ·················· 80
アイランドヨガ、コーヒーツアー、ハーバリウム···· 81
シーボーンアート、タコノ葉細工、リラクゼーション··· 82
父島アクティビティ会社リスト ·················· 83

エリアガイド
- 観る・遊ぶ 85
- 食べる・飲む 86
- 買う 89
- 泊まる 91

母島
- 母島 NAVI 94
- 母島アクティビティ会社リスト 95
- 母島を彩る絶景スポット10 96
- 乳房山 絶景ウオーク 98
- 南崎・小富士ネイチャーコース 100
- 小剣先山プチ登山、島内観光ツアー 101

エリアガイド
- 観る・遊ぶ 103
- 食べる・飲む 105
- 買う 106
- 泊まる 106

小笠原の深め方 109
More about Ogasawara

- 小笠原の地理と産業 110
- 小笠原の歴史 112
- 小笠原エコツーリズムのルール 114
- 世界遺産の島 小笠原諸島 116
- 南洋踊りはどこから伝わった？ 118
- 島の手しごと 120
- 島に恋して 121
- 小笠原の祭り歳時記 122
- おが本セレクション 123
- 小笠原古謡の魅力を伝える 124

旅の基本情報 125
Basic Information

- 旅の基礎知識 126
- 小笠原へのアクセス 130
- 父島＆母島内の移動術 132
- おもな宿泊施設リスト 133
- 観光案内所活用術 134

- 索引 135
- 奥付 136

本書の見方

使用しているマーク一覧
- 交 交通アクセス
- バス停
- 電 電話番号
- 問 問い合わせ先
- 時 営業・開館時間
- 所要 所要時間
- 休 定休日
- 料 料金
- 客室数 客室数
- カード クレジットカード
- 駐車場 駐車場
- URL ウェブサイト
- Facebook
- 予約 予約
- 観る・遊ぶ
- 食べる・飲む
- 買う
- 泊まる
- voice 編集部のひと言
- 旅人の投稿
- Instagram

地図のマーク
- 観る・遊ぶ
- 食事処
- みやげ物店
- 宿泊施設
- アクティビティ会社
- 寺院
- 神社
- 観光案内所
- 学校
- バス停

※本書に掲載されている情報は、2024年8月の取材に基づくものです。正確な情報の掲載に努めておりますが、ご旅行の際には必ず現地で最新情報をご確認ください。また弊社では、掲載情報による損失等の責任を負いかねますのでご了承ください。
※商品・サービスなどの価格は原則として消費税込みの総額表示です。
※宿泊料金は特に表示がない場合、1室2人利用時の1人当たりの料金です。また、素…素泊まり、朝…朝食付き、夕…夕食付き、朝夕…朝夕食付きを意味します。
※休館日や休業日は年末年始やお盆を省き、基本的に定休日のみ記載しています。
※ウェブサイトのアドレスは https://、http:// を省略しています。

紺碧の海に守られた世界自然遺産の島
ひと目でわかる 小笠原 父島 母島

世界自然遺産に登録された島として注目を集めているが、まだまだ知られていないことのほうが多い小笠原。まずはおさえておきたい基本情報をご紹介。さっそく旅行プランを練ってみて！

地図：伊豆諸島・小笠原諸島
竹芝桟橋／大島／三宅島／八丈島／青ヶ島／鳥島／聟島／父島／母島／北硫黄島／硫黄島／南硫黄島／火山列島／太平洋
ココ！
0 100km

小笠原へのアクセス
※詳しくは P.130

東京から父島までは、24時間の船旅で！
東京から小笠原へは、唯一の定期船おがさわら丸が運航している。東京・竹芝桟橋を11時に出発して、父島には翌日の11時に到着。まる1日の船旅になるが、それでも行きたい魅力がこの島にはある。詳しくは→P.46、230

写真提供：郵船クルーズ

ラグジュアリーなクルーズで優美な船旅
クルーズ各社が小笠原ツアーを開催することがあり、4〜5泊で小笠原へ行ける。「飛鳥Ⅱ」や「にっぽん丸」など日本が誇る豪華客船が運航している。現地はもちろん、船内でもさまざまなイベントが開催される。

父島から母島へ ははじま丸が運航
父島からさらに南へ50kmの母島へは、ははじま丸が定期運航している。母島・沖港まで父島から約2時間。おがさわら丸入港日は乗り継ぎのよい12時発の便があるほか、トータルで週4〜5便が運航されている。→P.131

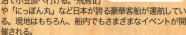

その他の島々

西之島
父島の西、約130kmに浮かぶ西之島は、硫黄島などと同じ火山列島のひとつ。2013年の噴火で陸地を増やし、2020年には噴火前の16倍にまで面積を広げた。→P.111

硫黄島
太平洋戦争の激戦地として知られ、多くの犠牲者を出した硫黄島も小笠原諸島のひとつ。北硫黄島、南硫黄島も含めて火山列島（硫黄列島）と呼ばれる。→P.113

聟島（ケータ島）
海況が穏やかな日にしか行けない聟島は、父島の北65kmほどに浮かぶ無人島。アホウドリやカツオドリ、クロアジサシなど海鳥の繁殖地になっている。

気になる ベーシックインフォメーション Q&A

Q 何日あれば満喫できる？
A 6日間あればOK！ 12日間ならさらに満喫
おがさわら丸は繁忙期を除き、6日間周期で竹芝と父島を往復している。つまり小笠原へ行くには最低6日間必要ということ。6日間でも島の魅力には触れられるが12日間あると余裕をもって遊べる。

Q 予算はどれくらい必要？
A 船は片道2万8000円〜 滞在費プラスで10万円〜
おがさわら丸の2等和室に、3泊の宿代と食費で約10万円になる。あとは何をして過ごすかによって予算は大きく変わる。毎日現地発ツアーやアクティビティに参加するなら15万円以上はみておこう。

Q ベストシーズンはいつ？
A 暖かい5〜10月が人気 ザトウクジラは12〜5月頃
小笠原のベストシーズンは、海が温かくなってくる夏。台風に当たらなければ5〜10月頃がいい。しかし冬は子育てのために回遊してくるザトウクジラのシーズン。これを目当てに訪れる観光客も多い。

Q 宿泊施設は充実している？
A ホテルから民宿まで、バリエーション豊富
ペンションやコンドミニアム、民宿など旅行スタイルによって選択肢は豊富。ただしどの宿も客室数が少ないので、繁忙期は予約が取れないこともある。旅行の時期が決まったら早めの予約を！→P.129

小笠原観光の中心地 P.50
父島

竹芝桟橋を出たおがさわら丸が入港する、小笠原諸島の玄関口。宿や食事処、みやげ物店など観光客向けの施設が多く、自然を楽しむツアーも充実している。

兄島 →P.57
スノーケリングで訪れる兄島海域公園が人気

南島 →P.56
美しい扇池と白砂のビーチが絶景！

大村海岸 →P.70
大村集落にある穏やかな海岸。のんびり過ごして

大神山公園 →P.53、85
大村集落を見下ろす丘陵地の展望スポット

世界遺産の自然♪

父島⇔母島は船で2時間

人口430人ほどの素朴な島 P.94
母島

父島よりさらに南へ約50km行った、のどかな空気が漂う島。ひときわ濃い手つかずの自然に包まれ、のんびりとした休日にぴったり。小さな集落は住みたくなる居心地のよさ。

脇浜なぎさ公園 →P.105
ウミガメもやってくる静かな海岸公園

夜は星空も最高！

南崎 →P.96、100
島の南端にあるビーチ。小富士からの眺めが美しい

15

小笠原の島ごよみ

平均気温 & 降水量

※参考資料　気象庁ホームページ
https://www.data.jma.go.jp/obd/stats/etrn/index　※気象庁父島観測所における1991〜2020年の平均値　※海水温は父島のデータ

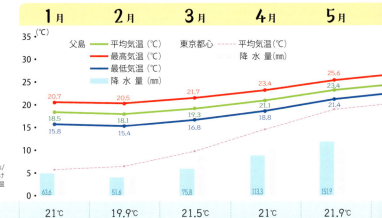

	1月	2月	3月	4月	5月
海水温	21℃	19.9℃	21.5℃	21℃	21.9℃

オフシーズン

シーズンガイド

冬　12〜2月
特に朝晩は冷えることが多く、北風が吹くので薄手のセーターやトレーナーが必要。2月頃から赤ちゃんクジラも！

春　3〜5月
3〜4月は引き続きザトウクジラウオッチングのベストシーズン。気温は5月頃から上がってきて、半袖でも快適に過ごせる暖かい日が増える。

GW前後は晴れが多い！

お祭り・イベント
※詳しくはP.122へ

日本一早い「海びらき」
元日に父島と母島で行われる海びらき。もちろん日本で最も早い。郷土料理の露店が出てにぎわう。

母島フェスティバル
島野菜の試食や販売がメイン、南洋踊りで盛り上がる。（母島）

見どころ・旬のネタ

🍊 ブンタン
🍊 ミニトマト
🍊 島レモン
🌿 グリーンペペのシーズン
🍊 パッションフルーツ
🍊 グアバ
🐟 アオウミガメ

⭐ ザトウクジラウオッチングのシーズン
⭐ マッコウクジラ

亜熱帯気候に属する小笠原諸島は、最も寒い2月でも最低気温の平均が15.4℃。
1月1日に海びらきが行われることからもわかるとおり、年間を通して暖かい。
7～8月に開催される小笠原サマーフェスティバルやクリスマスイルミネーションなど、
季節ごとに開催されるイベントでは、島民も観光客も一緒に盛り上がる。

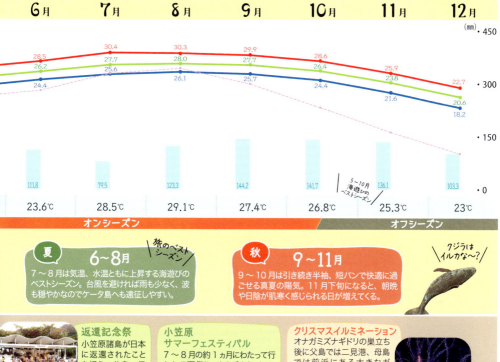

夏 6～8月
7～8月は気温、水温ともに上昇する海遊びのベストシーズン。台風を避ければ雨も少なく、波も穏やかなのでケータ島へも遠征しやすい。

秋 9～11月
9～10月は引き続き半袖、短パンで快適に過ごせる真夏の陽気。11月下旬になると、朝晩や日陰が肌寒く感じられる日が増えてくる。

返還記念祭
小笠原諸島が日本に返還されたことを祝う。父島、母島の両島で開催。

小笠原サマーフェスティバル
7～8月の約1ヵ月にわたって行われる夏祭り。さまざまなイベントが開催される。

クリスマスイルミネーション
オナガミズナギドリの巣立ち後に父島では二見港、母島では前浜にある大きなガジュマルをライトアップ。

小笠原貞頼神社 例大祭
手作りの御輿が集落を練り歩く。島民はもちろん、観光客も御輿を担げる。(父島)

大神山神社 例大祭
御輿や演芸大会などで盛り上がる。奉納大相撲大会は、力自慢が集い迫力満点。(父島)

写真提供：小笠原村観光局

東西の文化が交わる唯一無二の島

小笠原をもっとよく知る Keyword

欧米系島民の影響で早くから西洋文化に触れるなど、特異な歴史のなかで独自の文化を育んできた小笠原。海洋島という環境に守られてきた貴重な自然や自由を愛する島の空気が居心地のよさにつながっている。

世界遺産
World Heritage

国内4件目の自然遺産登録
2011年6月25日、独自の進化を遂げた生態系の価値が認められ、世界自然遺産に登録された小笠原諸島。大陸と一度も陸続きになったことがない海洋島は、世界に認められた人類の宝といえる。

世界有数のホエールウオッチングポイント
小笠原諸島周辺では、世界で見られるクジラ類の4分の1に当たる20種類以上のクジラが目撃されている。観光客には、巨体を宙に躍らせるザトウクジラと潜水艦のような姿のマッコウクジラが人気。

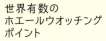

クジラ
Whales

交流アイランド
Friendship Island

国内外から人々が集う!
小笠原村では村作りの将来像を『世界のモデル「交流アイランド」小笠原』と設定。島外アーティストをイベントに呼ぶなど村民と国内外の来島者との交流を活発化させ、世界の離島モデルを目指す。

戦跡
Battle Site

山林の中に今でも残る……
第2次世界大戦末期に激しい攻撃にさらされた小笠原諸島。激戦地の硫黄島はもちろん、父島と母島にも当時使っていた壕や高角砲、山砲などが残っている。海中にもたくさんの軍艦や特殊潜航艇が静かに眠っている。

ボニンブルー
Bonin Blue

どこまでも続く紺碧の海
小笠原の濃厚な海の色は、島の旧称からボニンブルーと呼ばれる。世界でもまれに見る透明感のある藍色は、海水に含まれるリンと窒素が少ないことが原因。植物性プランクトンがほとんど発生しないので透明感を維持できるそう。

北緯20～27°
Lat. 20～27° North

沖縄と同じ亜熱帯の楽園
小笠原諸島は北緯20度25分から27度40分の太平洋上に点在している。この地域は亜熱帯気候に属し、温暖で過ごしやすいのが特徴。同じような緯度のエリアに、沖縄や奄美大島、フロリダなどがある。

島食材
Island Ingredients

豊かな自然に育まれた新鮮フード

アオウミガメやカジキ、アカバ（アカハタ）といった海の幸から、島トマト、島レモン、パッションフルーツなどの野菜や果物まで、小笠原ならではの旬の素材を使った料理も楽しみ。伊豆諸島の八丈島経由で伝わったとされる島寿司も試してみて。

入港日
Day of Entering Port

7日間ではなく6日間周期!?

小笠原の生活は7日間ではなく6日間で回っている。これはおがさわら丸の入港日の周期。にぎわっていた島内も、おがさわら丸が出港すると急に静まりかえる。多くの店はおがさわら丸出港日の翌日や入港日の前日を休みにしている。

グリーンフラッシュ
Green Flash

大自然が放つ神秘の光

グリーンフラッシュとは、太陽が完全に沈む直前に緑色の閃光を放つ現象。空気の澄んだ場所でしか見られないまれな現象で、海外では幸せをもたらすといわれる。父島や母島は比較的よくグリーンフラッシュが見られることで知られている。

写真提供：冨田マスオ

品川
Shinagawa

1000kmを隔てた東京都

小笠原に停車中のバイクや車を見ると、ナンバープレートに「品川」と書かれている。竹芝から1000km離れてはいるが、小笠原村はれっきとした東京都。車両は伊豆諸島と同じようにナンバーセンター品川の管轄になる。

ギョサン
Fisherman's Sandals

シェアは90％以上といううわさも

小笠原では島民、観光客を問わず、かなりの人がギョサンを愛用している。ギョサンとは「漁業従事者用サンダル」の略。合成ゴムのビーチサンダルで、鼻緒とソールが一体になった丈夫さ、そして強力なグリップ力が魅力だ。

ノネコ
Wild Cats

ネコにマイクロチップ!?

野生化したネコがカツオドリやオナガミズナギドリなど希少な鳥を襲う。そんなショッキングな問題に対し、小笠原ではノネコを捕獲して内地に移送。また飼い猫はマイクロチップを埋め込み管理することが義務化されている。

海洋島
Oceanic Island

大洋に隔てられた天然の要塞

小笠原はよく"東洋のガラパゴス"と表現される。ふたつの島は大陸から1000kmという距離や海洋島という環境が共通している。広大な海によって、独自の進化を遂げた生物をはじめ貴重な生態系が守られている。

とっておき 島みやげ

ここでしか手に入らないアイテムがいっぱい

特産品を使った調味料や独特のカルチャーを感じさせるグッズなど、小笠原ならではのオリジナリティあふれるおみやげをゲット！

個性派 雑貨＆アクセサリー
存在感たっぷりの逸品揃い

小笠原らしい個性的なデザインと島気分になれるアイテムをお持ち帰り！

超レア！ 香り華やぐ

小笠原コーヒー
酸味が少なく上品な味わいの小笠原コーヒーは、限られた量しか出回らない特産品。野瀬農園では9～12月にコーヒーの実を収穫し、焙煎前の状態でストックする。コーヒーツアー（→P.81）参加者のみ購入可能。

まれに農協直売所 F でも売られるドリップバッグ1包 540円

野瀬農園
MAP 折り込み②B2
交 B-しっぷから車で15分
電 090-4025-8553（予約）
時 9:00～17:00（電話受付）
休 不定休

3500円

サメバーガーTシャツ
ユニークなデザインのTシャツは定番みやげ。ハートロックカフェの人気メニューをモチーフに B

1100円～

ギョサン
島に到着したらまず買いたいのがこれ。船上や岩場でも滑りにくいのでとっても重宝する D

1430円 / 1650円

（左）イルカ
（右）月とウミガメ

手ぬぐい
注染という日本伝統の技法で染めた手ぬぐい。オガサワラオオコウモリやクジラ柄もある E

580円

オリジナルステッカー
耐久性・耐水性のあるステッカー。小笠原らしいモチーフが揃う。サーフボードやフィンに D

450円

おがさわら丸ステッカー
荒波に向かうおがさわら丸の、浮世絵風耐水ステッカー C

3450円

イルカのTシャツ
イルカをセンスよく配置したおしゃれなTシャツ。普段使いにも◎ E

各2200円

デザインフレーム
ウミガメの甲らを磨いて作った小笠原の生物のおしゃれなフレーム G

各2000円

革ひもネックレス
アオウミガメの甲らで作ったウミガメやイルカのチャームをシンプルなネックレスに G

各600円

道路標識コースター
父島&母島に実在する、固有種が描かれた道路標識を忠実に再現！ B

各900円～ / 600円～

タコノ葉ブレスレット（左）
タコノ葉リング（右）
タコノ葉を編んだ素朴なリングとブレスレット。ナチュラルな色と模様がかわいい B

4300円

プリザーブドフラワーピアス
シダやハイビスカスなど島の植物が耳元で揺れる、プリザーブドフラワーのピアス

1200円

プリザーブドフラワーボールペン
手に取るたびに南国気分に浸れる、島の花を使ったハーバリウムのボールペン B

自然の恵みを詰め込んだ やみつき！調味料

太陽をいっぱいに浴びた野菜や果物を調味料に。料理をひと味もふた味もおいしくしてくれる。

1060円
薬膳島辣油
島トウガラシや小笠原産ウコン、アロエなどがブレンドされた複雑な味のラー油 D

864円
オガスコ
小笠原産の島レモン、パッションフルーツ、島トウガラシ、小笠原の塩を使用した辛así調味料 D

810円
硫黄島一味唐がらし
日本一辛いといわれる硫黄島のトウガラシ。強い刺激を求めているアナタへ D

740円
小笠原の塩（140g）
小笠原の海水から製造したまろやかな塩は、誰からも喜ばれる定番みやげ。小袋タイプもある D

400円
小笠原スパイスミックス
島塩に、小笠原のレモンの果肉&スパイスをミックス。サラダやカルパッチョに D

550円
小笠原ぱんのふりかけ
バタートーストに振りかけて使う、島レモンパウダー×グラニュー糖の甘いふりかけ D

1385円
バニラシュガー
小笠原産バニラビーンズ1本相当量を使用したバニラシュガー。バタートーストやコーヒーにひと振り♪ F

980円
宝石グリーンレモンジャム
鮮やかな緑の母島産レモンをたっぷり使った、宝石のような色のジャム D

口にした瞬間に広がる島の味覚 おみやげに最適 フード&スイーツ

個性際立つ名物食材を使用した食料品はおみやげにぴったり。いつでも島気分を味わえる。

各400円
島はちみつグミ
島はちみつをたっぷり使った8個入りのグミ。5種類のフレーバーを用意 F

650円
メカジキカレー
水深600mの深海から釣り上げたメカジキのレトルトカレー D

各530円
無人島おかき
小笠原にゆかりのある人物を描いたおかき。島レモンをベースに黒コショウ、塩、七味が香る F

1500円
小笠原ラスク
島レモン&トマトという小笠原ならではの味。おしゃれなパッケージもおみやげにぴったり D

864円
小笠原カカオウエハース
小笠原のカカオ豆から作ったチョコレートを10%使用したサクサクのウエハース D

450円
贅沢島レモン
小笠原のレモンを贅沢に使った軟らか食感のゼリー菓子。10個入り D

小笠原産カカオを使用！
TOKYO CACAOって知ってる？
2019年に登場して話題になった日本初の純国産チョコレート。母島で栽培したカカオを使い、発酵から成形まで国内で行うチョコレートは、カカオのフルーティな香りを存分に楽しめる。
※2024年はカカオ豆の収穫量減少などの影響で販売中止

TOKYO CACAO 1944円（8枚入り）
※2023年の参考価格
URL tokyo-cacao.com/store/

2200円
ラム酒
人気の島ラム。製造停止により在庫のみの販売。ほしい方は小笠原へ急げ！ D

各400円
寶CRAFT 小笠原パッションフルーツ（左）小笠原島レモン（右）
宝酒造の大人気のクラフトチューハイ。みやげ物店で購入すればしっかりエアクッションを巻いてくれるので安心 D

各550円
アイシングクッキー
人気のクレープ屋さんが作った、小笠原の海のアイドルのクッキー。見た目も味も◎ A

1620円
5倍希釈小笠原パッションフルーツ
炭酸やお酒で割って自宅でも気軽に小笠原気分になれる5倍希釈ジュース F

350円
小笠原パッションフルーツジュース
濃厚な小笠原パッションフルーツを使った、飲み切りサイズの缶ジュース F

ここで買えます！

A	Honu	P.25
B	ハートロックヴィレッジ	P.31
C	makimaki	P.89
D	フリーショップまるひ	P.90
E	小笠原海豚屋	P.90
F	小笠原アイランズ協会直売所	P.90
G	まーる	P.90

島グルメ

自然の恵みがギュッと凝縮　今すぐ食べたい

豊かな自然と温暖な気候に育まれた食材は、小笠原の旅に欠かせない楽しみのひとつ。広大な海で取れる魚介、そして南国の太陽をたっぷり浴びた野菜やフルーツを使った料理が島の休日を彩る。

新鮮♪ 海の幸 小笠原の海は生物のゆりかご！

小笠原グルメの主役は取れたての魚を中心とした海の幸。めったに食べられないアオウミガメも試してみて。

ウミガメの煮込み
900円
アオウミガメのスジ部分や内臓などを日本酒と醤油少々で煮込んだ人気メニュー。塩味の煮込みも定番。
● 洋風居酒屋 CHARA → P.28

マグロのレアカツ **850円**
冷凍した小笠原産のマグロにパン粉をつけてカラッと揚げた、衣のサクサク&レア食感が楽しい人気メニュー。
● 洋風居酒屋 CHARA → P.28

父島産釣物ソデイカリングフライ
1400円
胴体だけで1mある迫力満点の父島産ソデイカを大胆に輪切りに。ハサミでカットしながら味わおう！
● 洋風居酒屋 CHARA → P.28

ピーマカ
お通し（提供する日もある）
メジナなどの白身魚を薄切りにし、ダイコンや島ダイダイ、島トウガラシとあえた小笠原の伝統的な郷土料理。
● うわべ家 → P.29

島寿司 **1050円**
伊豆諸島の八丈島が起源とされる。醤油に漬けこんだネタと甘味の強いシャリが特徴。ピリッとカラシを利かせて。
● 丸丈 → P.86

メカジキのステーキ
1250円
メカジキは小笠原でいちばん漁獲量が多い魚。体長4.5mに達する大物も。軟らかな肉質は豪快なステーキにピッタリ。
● チャーリー・ブラウン → P.88

アオリイカのユッケ **1000円**
小笠原のアオリイカは、ほのかな甘味と軟らかな食感が特徴。細切りにして特製のたれ&卵黄と絡めた一品はお酒のつまみにぴったり。
● 茶里亭 → P.29

にんにく醤油で

ウミガメの刺身
1100円
小笠原では貴重なタンパク源として伝統的にアオウミガメを食用にしてきた。馬刺しのような独特の風味がクセに！
● 丸丈 → P.86

ポキ丼
1200円
醤油とごま油に漬けた新鮮な島魚と海藻をご飯の上にのせた、ハワイの郷土料理風のヘルシーな海鮮丼。トッピングはうずらの卵！
● Bonina → P.28

島魚のカツカレー
1600円
メカジキやサワラなどをサクサクに揚げた島魚のカツに温泉卵を添えた、贅沢な和風カレー。島魚のソースカツ丼もおすすめ。
● あめのひ食堂 → P.87

島魚のお造り
1人前 1650円～（時価）
小笠原で取れた鮮魚の刺身は居酒屋の定番メニュー。オナガダイなどの高級魚を気軽に味わえるのも島ならでは。
● まんた → P.87

食材を無駄にしない エコバーガー

ハートロックカフェ（→P.27）のサメバーガー550円は、小笠原で取れたサメのフライを挟んだ個性派バーガー。ヒレ部位以外は廃棄されているサメを有効活用した、フードロスの削減にも貢献できるメニューだ。

淡泊な白身も揚げるとうま味が引き立つ！

島の野菜
味が濃くヘルシーも豊富

太陽をいっぱいに浴びて育った野菜は、旬のものしか出回らず、ほのかな野性味と自然な甘さが特徴。

島オクラのお浸し
650円〜 ※夏季限定

島オクラは通常のオクラよりも細長く、軟らかいのが特徴。素材の味を生かした上品なお浸しでいただこう。
● あめのひ食堂→P.87

島トマト
900円 ※季節商品

甘味が凝縮された島トマトは、そのまま小笠原の天然塩でいただくのが美味。
● 南国酒場 こも→P.87

島ワラビのパスタ
1400円 ※春季限定

ワラビ取りは父島の春の風物詩。3月後半〜5月のシーズン中は新鮮なワラビを使った和風パスタが食べられる。
● Bonina →P.28

島野菜天ぷら盛り合わせ　**880円〜**

ミディトマトや四角豆、ブロッコリーなどの季節の島野菜を揚げた天ぷらは、島の天然塩との相性抜群。
● うわべ家→P.29

島タケノコのジャンボシュウマイ
750円 ※夏季限定

7〜8月は島タケノコのシーズン。人気メニューの具だくさんのシュウマイに、期間限定で新鮮な島タケノコが入る。
● Bonina →P.28

麻薬味玉　**660円**

小粒でとても辛い島トウガラシを使った辣油を使用。ピリ辛味がくせになる煮卵は、お酒が進むこと間違いなし！
● 茶里亭→P.29

島野菜&フルーツは農協直売所でゲット！

旬の島野菜やフルーツは農協（→P.90）で購入できるが、入荷は不定期。出港日には売り切れということも。目当てのものを見つけたら迷わず購入しよう。宅配にも対応している。

母島から運ばれてくる島トマトは大人気

スイーツ
個性派ドリンクも！ジューシー

パッションフルーツをはじめとした小笠原産フルーツなど、上質な食材を使ったスイーツもおすすめ。

島ダイダイサワー
990円

柑橘類のダイダイ（橙）はさわやかな酸味が特徴。サワーは島食材を使った料理と相性抜群！
● うわべ家→P.29

小笠原コーヒー　**1000円**

収穫量が少なく貴重な純国産小笠原コーヒー豆を自家焙煎して提供。小笠原でも収穫場所によって風味が異なる。
● ハートロックカフェ→P.27

自家製みつ氷 島パッションティー
950円

濃厚な香りと甘酸っぱい味が魅力のパッションフルーツ。種の食感も楽しめるボリューム感あるかき氷でどうぞ。
● チャラ日和 →P.25

テイクアウトもOK！

島レモン酵素のチーズケーキ　**600円**

糖度が高く果汁が多い島レモン。島レモンを発酵させた酵素シロップは、フルーツのような優しい酸味が上品。大人のチーズケーキをご賞味あれ。
● 曼荼羅COFFEE →P.27

亀シュー
1個 500円

アオウミガメの解体時に出る胎内卵を使用したシュークリームは、カスタードとカリカリのシューが絶妙。出港日限定で販売。
● SWEETS FACTORY ALAMO →P.26

ローゼルのジャム
680円 ※9月末〜10月頃限定

ローゼル（食用ハイビスカス）を使用した手作りジャム。抗酸化作用のあるポリフェノールがたっぷりで女性に人気！
● 小笠原アイランズ農協直売所→P.90
※製造はマーメイドカフェ→P.25

1日ツアーに参加するなら必携!
島のお弁当&ベーカリー

小笠原では1日ツアーに参加しても昼食は付いていないことが多く、各自で用意する必要がある。飲み物も忘れずに!

イチオシ
島寿司 1000円
出港日限定で発売されるご当地寿司。醤油漬けの島魚が酢飯と絶妙になじむ。帰りのおが丸船内でどうぞ。

これもおススメ
鉄火丼 1100円
新鮮な小笠原産のマグロをたっぷりのせた贅沢な丼。漬け丼もあり。

大村 ベントウ屋hitoshi
べんとうやひとし

うわべ家(P.29)が手がける弁当店。新鮮な島魚や島野菜などを使った弁当を日替わりで提供する。電話かInstagramのDMにて要予約。

- MAP 折り込み①D2
- 交 B-しっぷから徒歩4分
- 電 090-2252-5096
- 時 11:30〜13:30
- 休 不定休
- 駐車場 なし
- @ oh_bentouhitoshi

イチオシ
タルティーヌ 450円
自家製バゲットに、甘くみずみずしい島トマトをのせた色鮮やかな総菜パン(季節限定)。

これもおススメ
フィッシュサンド 500円
白身魚のフライにスイートチリソースをかけた人気商品。パンはふわふわ。

清瀬 ローカルベーカリー
ろーかるべーかりー

地元で愛される手作りパン屋さん。中心街から少し離れているが、散歩がてら買いに行くにはちょうどよい立地。予約をすれば早朝に受け取れるパンもある。

- MAP P.84B1外
- 交 B-しっぷから徒歩20分
- 電 (04998)2-3145
- 時 9:00〜15:00 (日曜は〜12:00)
- 休 月・火曜
- 駐車場 なし
- @ localbakerychichijima

イチオシ
バランス弁当 950円
手作りの総菜を詰めた彩り豊かな弁当。栄養バランスが崩れがちな旅行中にうれしいメニュー!

これもおススメ
日替わり丼 950円
チキン南蛮やから揚げ、ロコモコなどを日替わりで丼に。島民にも人気の一品。

大村 アイランド・デリ
あいらんど・でり

ツアーの集合時間に間に合う8時にオープン。米は冷めてもおいしいミルキークイーンを使用する。持ち歩いても崩れにくいように汁気が少ないのがうれしい!

- MAP 折り込み①D1
- 交 B-しっぷから徒歩4分
- 電 (04998)2-3530
- 時 8:00〜14:00
- 休 おがさわら丸入港前日
- 駐車場 なし
- @ island_deli

イチオシ
日替わり弁当 1000円
麻婆豆腐、台湾タコライス、自家製から揚げなどボリューム満点のお弁当が大人気!

これもおススメ
ルーローファン弁当 1100円
ゴロッとした豚肉が食欲をそそる。島内でも隠れファンが増加中!?

大村 パーラー MAKANAI
ぱーらーまかない

おがさわら丸入出港時のみ弁当を販売。下船して徒歩1分、ははじま丸船客待合所から最も近く母島へ乗り継ぐ人にもおすすめ。夜は島民御用達の居酒屋として人気。

- MAP P.84C2
- 交 B-しっぷから徒歩7分
- 電 なし
- 時 11:00〜15:00(入出港日のみ)、18:00〜23:00(L.O.22:30)
- 休 不定休
- 駐車場 なし

小笠原のお弁当事情

1日ツアーに参加するなら持参が基本
1日ツアーに参加する場合、ランチと飲み物は参加者自分で用意するのが基本。営業時間をチェックして、ツアー前に準備しておこう。

売り切れ御免!予約が確実
弁当の数はどの店も限られていて、午前中の早い時間帯に売り切れてしまうことが多い。確実に購入するなら前日までに予約を。宿で頼める場合もある。

母島に行くなら父島で弁当をゲット
おがさわら丸で父島に到着し、そのまま母島へ行く人は、父島で弁当を確保してから船に乗ろう。徒歩圏内に店がいくつかあるので事前にチェックを。

\\ 南国フルーツ&素材を楽しむ //
島の食べ歩きおやつ

パッションフルーツや島レモン、島塩や島はちみつなど、
個性的な島食材を使ったおやつが豊富な小笠原。
南国の青い空を眺めながら、のんびりと食べ歩きを楽しもう！

`島パッション`

`島パッションティー氷`
950円
島パッションと練乳、紅茶の最強タッグ。変化に富んだ味で飽きない Ⓐ

`島パッション`

`島塩`

`島塩からあげ` 350円
島塩がアクセントになった、米粉と米油でサクッと揚げた人気メニュー Ⓑ

`島レモン`

`ハロハロ島パッション` 550円
フィリピンのご当地デザートに、甘酸っぱいパッションをトッピング Ⓑ

`シャーベット`
`島パッションシングル`
350円
島パッションの果肉入りアイスは、サクサクとした種の食感がアクセント Ⓐ

`島レモンティー氷` 800円
島レモンを使用したふわふわのかき氷。紅茶のゼリー入りでさわやか Ⓐ

`島パッション`

`島パッション`   `島はちみつ`   `島塩`

`パッションクリーム`   `島はちみつクリーム`   `小笠原の塩 キャラメル`
`アイス乗せ クレープ` 750円   `アイス乗せ クレープ` 800円   `パウンドケーキ` 350円
パッションフルーツの果肉の食感がよい満足度の高いアイス入りクレープ Ⓒ   甘露蜜と呼ばれる希少なはちみつを使用した上品な甘さのクレープ Ⓒ   キャラメルの香りが幸せな気分にしてくれるパウンドケーキ。小笠原の塩が隠し味 Ⓓ

 Ⓐ チャラ日和 `大村`
ちゃらびより
アイス&かき氷が豊富な自家製スイーツの店
大村の中心地にある自家製スイーツの人気店。島食材を使ったかき氷やアイス、季節限定スイーツを揃える。6時からは朝弁も販売。
MAP 折り込み① C2　交 B-しっぷから徒歩3分　電 (04998)2-3101
時 6:00～10:30（入港中、弁当販売のみ）、10:30～17:30（冬季～17:00）　休 不定休　駐車場 なし
📷 charabiyori.chichijima

 Ⓒ Honu `大村`
ほぬ
甘い香りに包まれる 手作り食材のクレープ店
もちもち&しっとり食感のクレープは、パイやムース、ジャムなど中に入っている食材も手作り。軽い食事になる総菜系クレープも好評。
MAP 折り込み① D2　交 B-しっぷから徒歩4分　電 (04998)2-2870　時 11:30～14:30　休 土・日曜、祝日　駐車場 なし
📷 honu_ogasawara

 Ⓑ MERIENDA `大村`
めりえんだ
ピンクの外壁が目印！気軽に寄れるスナック店
島パッションや、希少な島ふはちみつを使用したスイーツを販売。米油を使ったサクサクの揚げ物は、地元の子供たちにも大人気のおやつ。
MAP 折り込み① B2　交 B-しっぷから徒歩3分　電 なし
時 10:00～17:00　休 日曜　駐車場 なし
📷 merienda.ogasawara

 Ⓓ マーメイドカフェ `扇浦`
まーめいどかふぇ
手作りケーキとドリンクの移動販売
パウンドケーキなどの自家製スイーツが人気。キッチンカーで扇浦をベースに各所で移動販売をする。出店情報はSNSをチェック！→P.121
MAP 折り込み② B2　交 B-しっぷから車で12分　電 なし
時 12:00～16:00頃　休 不定休　駐車場 なし
📷 mermaid__cafe

25

島時間を満喫できる
居心地のいい小さな島カフェ

父島には小さいながらもこだわりのカフェが点在する。
島の食材を使ったスイーツや軽食を楽しみながら、ゆっくりと流れる島時間に身をゆだねよう。

小曲 グレース・島のお茶やさん
ぐれーす・しまのおちゃやさん

心地よいテラス席でのんびり♪

緑豊かな自然の中にある隠れ家的なカフェ。自家栽培のフルーツや島の食材を使ったふわふわのシフォンケーキが人気で、希少な小笠原産のコーヒー1000円も1日10杯限定で楽しめる。

1 9種のドリンクから選べるスイーツセット800円が人気 **2** マンゴーアイスは単品なら500円 **3** おすすめは風が心地よい高床のテラス席

おすすめポイント
ぽつんと一軒家といった風情で緑豊か。南国の花やフルーツに囲まれたテラスがおすすめ。

MAP 折り込み②B2
交 B-しっぷから車で12分　**電** (04998) 2-7711
時 10:00〜16:00（入港日11:00〜、出港日9:00〜12:00）
休 不定休　**駐車場** あり　◎ grace_ogasawara

大村 SWEETS FACTORY ALAMO
すいーつふぁくとりー あらも

出港日限定の亀シューが話題に！

散策の途中に寄りたいケーキショップ兼カフェ。台湾カステラ500円やプリン350円といった定番メニューに加え、出港日のみ販売されるウミガメの胎内卵を使用したシュークリームが人気。

おすすめポイント
ウミガメの解体時に出る胎内卵を使用した通称「亀シュー」500円。優しい甘さでやみつきに

1 ノンアルコールの島サングリア600円（右）、台湾カステラ（左） **2** おみやげにも喜ばれる名物の亀シュー **3** スタイリッシュなお店にはキッズスペースもある

MAP 折り込み①B2　**交** B-しっぷから徒歩3分　**電** 080-8426-4863（予約専用）
時 11:00〜17:00　**休** 不定休　**駐車場** なし　◎ sweetsfactoryalamo

大村 PIR HALE
びーあいあーる はれ

南国の香り漂うさわやかなカフェ

メインストリートに面した居心地のよいテラスが印象的。はちみつや島レモンなど、島の食材を使ったホームメイドのメニューを揃えている。島のフルーツを使ったジュースも人気。

おすすめポイント
すべて自家製で、素材本来の味を堪能できるヘルシーなメニューが揃う。

1 レモンのチーズケーキ 550円（右）、パッションのシフォンケーキ 550円（左） 2 ハワイのカフェのようなおしゃれなインテリア 3 潮風と町のにぎわいを感じられるテラス

MAP 折り込み①C2　**交** B-しっぷから徒歩4分　**電** (04998) 2-2265
時 9:00～18:00 (L.O.17:30)　**休** おがさわら丸出港翌日
駐車場 なし　**URL** papasds.com/hotel/ hale/meal

奥村 曼荼羅COFFEE
まんだらこーひー

ゲストの9割が島民の隠れ家的カフェ

コーヒー好きの島民が集う、ローカルエリアにある隠れ家的カフェ。常時4種を揃える自家焙煎のコーヒーや、島レモン酵素シロップを使ったオリジナルのドリンク＆ケーキが好評。

おすすめポイント
こだわりのコーヒーはもちろん季節のケーキを目当てに訪れる島民が多い。

島レモンサンセットスカッシュ 700円（左）、島レモン酵素のチーズケーキ 600円（右）

左／店内はコーヒーの香りに満ちている　右／大村地区からは徒歩15分。散歩がてら訪れてみて

MAP 折り込み③A1　**交** B-しっぷから車で5分または徒歩15分
電 なし　**時** 10:00～17:30　**休** 不定休　**駐車場** なし
@mandala.coffee

大村 ハートロックカフェ
はーとろっくかふぇ

深海のような色のバタフライレモンソーダ 650円（左）とサメバーガー（右）

大きなガジュマルの木が目印

自家農園で取れた島バナナや野菜など、島素材を使ったメニューが充実している。人気は、小笠原で取れたオナガザメのフライを挟んだサメバーガー 550円。サクッと揚げた白身は食べやすく上品な味わい。

おすすめポイント
ウッドデッキのテラス席はガジュマルの木陰になっているので日中でも快適。

上／テラス席のほかカウンターや屋内の席もある
下／ハートロックヴィレッジ（→P.31）併設のカフェ

MAP 折り込み①D2　**交** B-しっぷから徒歩4分
電 (04998) 2-3317　**時** 9:00～18:00 (L.O.17:30)　**休** なし
駐車場 なし　**URL** take-na.com/cafe

夜も島スタイルで盛り上がろう♪
島酒で乾杯！
島料理自慢の居酒屋

季節の島野菜や近海で取れた新鮮な魚介類を使ったメニューが揃う島の居酒屋。
島食材を使ったオリジナルのお酒も魅力だ。人気の店は予約をしておくと安心。さて今夜はどの店に行こうかな？

オススメ 父島産釣物ソデイカリングフライ 1400円
小笠原産ソデイカの輪切りを豪快に揚げた巨大なイカリング。大勢でシェアしよう！

人気！ 島マグロのレアカツ 850円
冷凍した島マグロにパン粉をつけてフライに。半生の食感がやみつき

これで乾杯♪ 島レモンタワーサワー 1080円
島レモンを丸々1個使用したインパクトあるビジュアル！

大村
洋風居酒屋 CHARA
ようふういざかや ちゃら

ダイナミックな盛りつけが映える！

定番のメカジキやマグロから珍しい魚まで、島魚をさまざまな調理法で食べられる。釣った魚の調理サービスも。焼肉や鉄板焼き、かき氷などのデザート類も充実し、子供連れも利用しやすい。

MAP 折り込み①C1　**交** B-しっぷから徒歩3分　**電** (04998) 2-3051　**時** 17:30～24:00　**休** 不定休　**カード** 可　**駐車場** なし
@ chara.chichijima

大村
Bonina
ぼにーな

リゾート気分に浸れるおしゃれ空間

港を望む開放的なテラスで過ごせる、南国情緒満点のダイニングバー。島食材を使った食事から、タコスなどの軽いおつまみまでメニューが充実。ドリンクも種類豊富に用意されている。

オススメ 島魚のポキ丼 1200円
醤油や島ダイダイなどのたれに漬けた島魚に海藻とウズラの卵をオン

これで乾杯♪

人気！ 島トマトとバジルのピザ 1600円
太陽の光をたっぷり浴びた濃厚な味わいの島トマトと自家製バジルをトッピングしたピザ。シンプルで絶品！

ノニ酒 800円
島に自生する薬草ノニを漬けたクセになる味。栄養価抜群♪

MAP 折り込み①D2　**交** B-しっぷから徒歩4分　**電** (04998) 2-3027　**時** 11:30～14:00 (L.O.13:30)、17:30～23:00 (L.O.22:00) ※ランチはおがさわら丸入出港日のみ　**休** おがさわら丸出港翌日 (不定休あり)　**カード** 可　**駐車場** なし

大村 茶里亭
ちゃーりーてい

食材のうま味を引き出す炉端焼き

島野菜や島魚を使った料理のほか、厳選された干物などを目の前で焼く炉端焼きに定評がある。日本酒の品揃えも充実。カウンター席や小上がり席のほか、落ち着ける半個室もある。

オススメ 麻薬味玉 660円
半熟卵を島ラー油たっぷりのたれに漬けた中毒性のある味玉。ビールが進む！

人気！ アオリイカのユッケ 1000円
小笠原産の新鮮なアオリイカをユッケ風の味付けに。酒のつまみに Good

人気！ 島トマトサラダ 660円
島トマトのシーズンに大人気の1品。自家製のドレッシングが合う

これで乾杯♪ BONIN CRAFT 680円
父島発のクラフトビール。島のフルーツを使った香り高い一杯

MAP 折り込み①B1 **交** B-しっぷから徒歩3分 **電** (04998)2-3535 **時** 17:00～23:00 (L.O.21:30) **休** 不定休 **カード** 可 **駐車場** なし ◎ charitei.ogasawara

---

大村 うわべ家
うわべや

おいしい魚が食べられる和風居酒屋

二見港の目の前にある居酒屋。和食を中心に多彩な料理が食べられ、特に刺身や焼き物など、その日入荷した鮮魚で作るメニューが自慢。お昼には予約制で弁当の販売も行っている（→P.24）。

オススメ 島魚のカブト焼き 800円
近海で取れた魚のカブト（頭）は、インパクト大の人気メニュー。魚の種類はその日のお楽しみ

人気！ 島野菜天ぷら盛り合わせ 880円～
ミディトマトや四角豆など島で取れた旬の野菜を天ぷらに。揚げたてはサクサク食感で絶品！

生パッションフルーツサワー 990円
生のパッションを使った季節限定のサワー。甘酸っぱい香りと種の食感が特徴

MAP 折り込み①D2 **交** B-しっぷから徒歩4分 **電** 090-2252-5096 **時** 18:00～22:00 (L.O.21:00) **休** 不定休 **カード** 可 **駐車場** なし ◎ uwabeya

---

大村 小笠原初のクラフトビール
BONIN CRAFTがおいしい！

小笠原の特産品パッションフルーツや島レモン、島ダイダイなどを使ったクラフトビールを製造。PIR HALE（→P.27）や茶里亭（→P.29）で飲める。

PAPAS BREWING COMPANY
ぱぱすぶりゅーいんぐかんぱにー

島のフルーツを使用

MAP P.84A3 **交** B-しっぷから徒歩3分 **電** (04998)2-2373（パパスアイランドリゾート）◎ papasbrewing.co

居心地のよさを追求したくつろぎの空間

リゾート気分の島ホテル

父島の宿泊施設はバリエーションが豊富。なかでもインテリアにこだわった優雅なホテルを厳選して紹介。自然と調和した快適な空間で、リゾート気分を満喫して！

小港 島の空気に溶け込むような宿

風土の家 TETSUYA
ふうどのいえ てつや

　小港海岸まで徒歩7分の、自然に恵まれたエリアに立つエレガントな宿。広々とした母屋と、メゾネットタイプの離れがあり、それぞれが独立した空間になっている。全室にキッチンと洗濯乾燥機が備わっており、暮らすように過ごせると評判だ。夕食付きのプランでは、長年、島で料理に関わってきたオーナーが島懐石を提供する。

ここがステキ！
夜は満天の星に包まれる宿。部屋のアウトドアデッキから夜空を見上げて過ごそう。

1 やわらかな日差しに包まれる母屋 光耀の寝室 **2** スタイリッシュな母屋のダイニングスペース **3** 島食材を贅沢に使った見た目も美しい夕食 **4** 小港の大自然に抱かれた宿でくつろぐ

MAP 折り込み②B2　**交** B-しっぷから車で16分　**電**（04998）2-7725　**料** 素1万5000円～、朝1万7000円～、朝夕2万3000円～　**客室数** 4室　**カード** 可　**駐車場** あり　**URL** tetsuyabonin.com

扇浦 扇浦の海を望むリゾートホテル

ホテル・ホライズン
ほてる・はらいずん

　白砂の扇浦海岸を望む島内屈指の高級ホテル。客室内のインテリアには、南国情緒を感じさせる自然素材を使用し、リゾートムードを演出している。夕食は海が見えるレストランで、自家菜園の果物や野菜、島魚を調理した和洋折衷のコースを味わえる。

ここがステキ！
眼下に穏やかな扇浦海岸が広がり、泳ぐにも眺めるにも抜群のロケーション！

1 フィリピンのセブ島から輸入した家具を配置 **2** 青空に映えるオレンジ色の建物が目印 **3** 南国風のインテリアを配した広いロビー

MAP 折り込み②B1　**交** B-しっぷから車で10分　**電**（04998）2-3350　**料** 朝夕3万1900円～　**客室数** 14室　**カード** 可　**駐車場** あり　**URL** hotel-horizon.com

奥村　風景になじむシンプルで上品なデザイン
パットイン
ぱっといん

　民家が集まる奥村地区に立つアットホームなホテル。古きよき小笠原を思わせる、海外のB＆Bのような雰囲気だ。シンプルなインテリアを配した客室は、居心地がいいと評判。島の歴史を伝えるヒストリーツアーやナイトツアーも開催している。

1 デザイン性と居住性を兼ね備えた客室　**2** 島民が生活するエリアにあるスタイリッシュなホテル　**3** やわらかな光が差し込む明るいレストラン

ここがステキ！
開放的な中庭にはビーチベッドやテーブルがあり、リラックスした時間を過ごせる。

MAP 折り込み③A1　**交** B-しっぷから車で5分
電 (04998) 2-3711　**料** 朝1万5000円〜
客室数 13室　**カード** 可　**駐車場** あり　**URL** patinn.com

大村　シックでおしゃれなアジアンリゾート
ハートロックヴィレッジ
はーとろっくゔぃれっじ

　島の自然とのつながりを感じられる、ナチュラルなデザインのホテル。無垢材の家具を配した客室は、海や森を望むテラスが備わるのもうれしい。食事はガジュマルの巨木に覆われたデッキで、自家菜園の野菜や果物を使った料理を味わえる。

ここがステキ！
1階のカフェはリゾート感たっぷり。木もれ日の下でゆったりとした時間を過ごしたい。

1 ライトアップされた夜のカフェは大人の雰囲気　**2** 島食材をふんだんに使った料理も人気の秘密　**3** オーシャンビューのデラックスルーム

MAP 折り込み①D2　**交** B-しっぷから徒歩4分
電 (04998) 2-3317　**料** 素1万3000円〜、朝1万5000円〜、朝夕1万8000円〜　**客室数** 8室
カード 可　**駐車場** なし　**URL** take-na.com/village

自然に包まれたコテージへ

小港　森の中で過ごす贅沢な時間
カナカヴィレッジ
かなかゔぃれっじ

　豊かな森の中にたたずむコテージは、小港海岸などのビーチにも近く、海も山も満喫できる立地。夜は頭上に満天の星が広がり感激！ 客室設備はホテル並みに整っており快適だ。敷地内の農園でコーヒー豆＆島野菜の収穫や、ウッドデッキでのBBQも楽しめる。

1 父島の自然に溶け込む隠れ家のようなコテージ　**2** コテージ内は居心地がいいナチュラルな空間　**3** ガジュマルの森で子供も大人もテンションアップ！

MAP 折り込み②B2　**交** B-しっぷから車で20分
電 (04998) 2-3317（ハートロックヴィレッジ）
料 素1万5000円〜　**客室数** 6棟　**カード** 可　**駐車場** なし
URL www.kanaka-village.com

ボニンブルーの住人！
小笠原 海の生物図鑑

世界中のダイバーが憧れる小笠原の海。蒼くクリアな水中で色とりどりの生命が輝く

アオウミガメ
カメ目　ウミガメ科
生息域：珊瑚礁域

交尾や産卵で小笠原に集まる。体長は2mほどになり、写真のような交尾の瞬間を観察できることも。

メタリックなボディ！

イソマグロ
スズキ目　サバ科
生息域：岩礁域の中層

体長1.5～2mになるマグロの仲間。数匹の群れで現れることが多い。嫁島「マグロ穴」には大群が旋回。

魚が牛に似てる！？

ウシバナトビエイ
トビエイ目　トビエイ科
生息域：珊瑚礁域の砂地

岩陰や砂地に身を隠し、ときに中層を飛ぶように泳ぎながら移動する。南島「門ロック」に大群が。

味も抜群の高級魚！

ウメイロモドキ
スズキ目　タカサゴ科
生息域：岩礁域や珊瑚礁域の中層

ブルーとイエローの体色が美しく、大きな群れで現れることが多い。刺身や塩焼きで島の飲食店に並ぶ。

銀鱗のカーテン！

クマザサハナムロ
スズキ目　タカサゴ科
生息域：岩礁域や珊瑚礁域の中層

体長は30cm程度で数百匹の群れを作る。タカサゴに似ているが、尾の上下の黒い縦縞が特徴。

コクテンカタギ
スズキ目　チョウチョウウオ科
生息域：岩礁域や珊瑚礁域の中層

黒いドット柄が名前の由来。小笠原には群れが多く、嫁島「ブンブン浅根」では数百匹が乱舞する。

見つけられたらラッキー！

シコンハタタテハゼ
スズキ目　クロユリハゼ科
生息域：珊瑚礁域の砂地

ヘルフリッチとも呼ばれるハゼ。深い場所を好むが「ひょうたん島」では水深20mほどで見られる。

優しいサメです♪

シロワニ
ネズミザメ目　オオワニザメ科
生息域：岩礁や珊瑚礁の周辺

凶暴な顔つきだが性格はおとなしい。体長は大きなもので3mを超える。北ノ島「サメ穴」で高確率。

サングラスのような模様

タテジマキンチャクダイ
スズキ目　キンチャクダイ科
生息域：岩礁や珊瑚礁の周辺

縦縞模様が名前の由来。体長は40cm以上になり、スノーケリングポイントでも観察できる。

ツバメウオ
スズキ目　マンジュウダイ科
生息域：珊瑚礁域の中層

三角形の体型がユニーク。数十匹の群れを作る。好奇心が旺盛でダイバーに近寄ってくることが多い。

昼間は眠ってます zzz

ネムリブカ
メジロザメ目　メジロザメ科
生息域：岩礁や珊瑚礁の周辺

体長は1m前後で、岩場でじっとしていることが多い。宮之浜などではスノーケリングでも見られる。

飛ぶように泳ぐよ♪

マダラトビエイ
トビエイ目　トビエイ科
生息域：岩礁域や珊瑚礁域の中層

白の水玉模様と長く鞭状に伸びた尾が印象的。翼を羽ばたかせるようにヒレを動かして優雅に泳ぐ。

日本の固有種！

ユウゼン
スズキ目　チョウチョウウオ科
生息域：岩礁や珊瑚礁の周辺

友禅染のようなシックな模様。ペアが多いが、春先にはユウゼン玉と呼ばれる数十匹の群れを作る。

ロウニンアジ
スズキ目　アジ科
生息域：珊瑚礁域の中層

名前の由来は単独で泳いでいることが多いから。体長1mを超える回遊魚で釣りの対象としても人気。

ロクセンフエダイ
スズキ目　フエダイ科
生息域：岩礁や珊瑚礁の周辺

体側の5本の縦縞が特徴。4本線のヨスジフエダイと酷似。兄島「バラ沈」には数百匹の群れが。

写真提供：森田康弘（小笠原ダイビングセンター）、大谷円香、小笠原村観光局

希少種がたくさん！小笠原 陸の生物図鑑

大陸と地続きになったことのない絶海の孤島には、独自の進化を遂げた動物が暮らす

「あかぽっぽ♪」

固有亜種
アカガシラカラスバト
ハト目　ハト科
分布域：小笠原諸島全域

林内の暗所を好む。数十羽まで激減したが500羽前後に回復。希少野生動植物種に指定されている。

アホウドリ
ミズナギドリ目　アホウドリ科
分布域：聟島列島

乱獲により絶滅したが、伊豆諸島から聟島に雛を持ち込み繁殖に成功。写真はクロアシアホウドリ。

「ホーホケキョ♪」

固有亜種
オガサワラハシナガウグイス
スズメ目　ウグイス科
分布域：小笠原諸島全域

ウグイスより小型で腹部が白い。警戒心が薄く近くで観察できることが多い。鳴き声もよく耳にする。

「魚を狙って水中飛行」

カツオドリ
ペリカン目　カツオドリ科
分布息域：小笠原諸島全域

羽を開くと1.5mほどになる海鳥。人を恐れずに近づいてくることが多く、船上からもよく目にする。

「見られるのは母島だけ」

固有種
メグロ
スズメ目　メジロ科
分布域：母島列島

体長は15cm前後。目の周りの黒い隈取り模様と、黄色の羽が特徴。集落内に現れることも多い。

固有種
メジロ
スズメ目　メジロ科
分布域：小笠原諸島全域

目の周りを囲む白いリングが愛らしい。イオウジマメジロとシチトウメジロの交雑種とされる。

「キビョー」

ムナグロ
チドリ目　チドリ科
分布域：小笠原諸島全域

夏は胸の羽毛が黒くなることが名前の由来。越冬のために小笠原を訪れ、秋から翌夏直前まで滞在。

「羽を広げると80cmにも！」

固有種
オガサワラオオコウモリ
コウモリ目　オオコウモリ科
分布域：小笠原諸島全域

小笠原唯一の哺乳類の固有種。ガジュマルやグアバの果実などを食べる。個体数は300〜400匹程度。

「クリクリの目がかわいい」

固有種
オガサワラトカゲ
トカゲ亜目　トカゲ科
分布域：小笠原諸島全域

体長13cm前後で、背中にある褐色の斑点が特徴。落ち葉や倒木の上を好み、木に登ることも多い。

「貝殻がマイホーム」

オカヤドカリ
エビ目　オカヤドカリ科
分布域：小笠原諸島全域

陸上で暮らすヤドカリ。小笠原には6種類が生息し、すべてが天然記念物。大きいものは15cmほどに。

「カタツムリの仲間だよ」

固有種
カタマイマイ
マイマイ目　カタマイマイ科

小笠原の陸産貝類を代表する存在だが野生を見ることはまれ。島の環境に適応しながら20種類以上に進化。

「希少な種を守ろう！」

固有種
オガサワラアオイトトンボ
トンボ目　アオイトトンボ科
分布域：弟島周辺

森林の水辺に生息。1980年代に父島で見られなくなり、現在は弟島のみで確認されている絶滅危惧種。

「大合唱は秋の風物詩」

オガサワラゼミ
ハンシ目　セミ科
分布域：小笠原諸島全域

成虫は5〜12月に現れ、ピークは9〜10月。集落にも飛来。小笠原に定着する唯一のセミで天然記念物。

固有種
シマアカネ
トンボ目　トンボ科
分布域：小笠原諸島全域

鮮やかな赤い腹部が特徴で、体長は4cmほど。小川の源流や湿地の周辺にのみ生息する天然記念物。

固有種・固有亜種とは？

固有種とは、地球上で特定の限られた地域にしか分布・生息しない動植物の種のこと。島が誕生してから大陸と地続きになったことがない小笠原には、多くの固有種やその下の階級である固有亜種が残されている。

写真提供：島田克己（ボニンブルーシマ）

ここでしか見られない！
小笠原固有植物図鑑

乾性低木林と湿性高木林に分かれる森林が、小笠原にのみ自生する固有の植物を育む

アサヒエビネ
謎の多い花

ラン科　エビネ属
花期：8〜9月　分布域：父島、兄島
やや暗い林床に自生する絶滅危惧種。可憐な黄色い花を咲かせるが、生態はあまり知られていない。

アツバシロテツ
ミカン科　アワダン属
花期：5月　分布域：父島列島
乾性低木林内に自生するが個体数は少ない絶滅危惧種。初夏に小さな白い花を咲かせる。

ウチダシクロキ
乾燥した場所に適応

ハイノキ科　ハイノキ属
花期：11月　分布域：父島
風が当たる崖など乾燥する低木林に自生。厚い葉が特徴で、秋に小さな白い花を咲かせる。

ウラジロコムラサキ
シソ科　ムラサキシキブ属
花期：5〜6月　分布域：父島、兄島
小さく丸い葉が特徴で、オオバシマムラサキやシマムラサキと区別できる。絶滅危惧種。

オオシラタマカズラ
白い小花がかわいい

アカネ科　ボチョウジ属
花期：5〜6月　分布域：小笠原諸島全域
林内で草や低木に絡まりながら成長するつる性の植物。初夏に少し緑がかった白い花を咲かせる。

オオバシマムラサキ
シソ科　ムラサキシキブ属
花期：5〜6月　分布域：小笠原諸島全域
初夏に桃色の小さな花を咲かせて小笠原を彩る。近縁にシマムラサキ、ウラジロコムラサキがある。

オオハマギキョウ
花は一生に一度だけ！

キキョウ科　ミゾカクシ属
花期：5〜7月　分布域：東島、母島
父島ではほぼ絶滅した希少種。海岸の崖や草地に生息。5〜6年の寿命で一度だけ白い花を咲かせる。

オオハマボッス
春の海辺でチェック

サクラソウ科　オカトラノオ属
花期：2〜5月　分布域：小笠原諸島全域
海岸付近に自生する越年草。白い花で小笠原に春の到来を告げる。ノヤギの食害で父島では少ない。

オガサワラアザミ
キク科　アザミ属
花期：5〜6月　分布域：小笠原諸島全域
海岸近くに自生するアザミの仲間。南島でよく見かける。白い花をつけ、葉に細かいとげがある。

オガサワラクチナシ
白い香りをかいでみて

アカネ科　クチナシ属
花期：4〜5月　分布域：小笠原諸島全域
山地の日当たりのいい場所に生育。強い芳香を放つ白い花を咲かせる。2〜3月頃に黄色の実をつける。

オガサワラボチョウジ
ラッパ型のユニークな花

アカネ科　ボチョウジ属
花期：6〜7月　分布域：小笠原諸島全域
へら状の葉が特徴的な常緑小高木。初夏に乳白色で高杯状の花を咲かせ、卵形の実がなる。

コヘラナレン
キク科　アゼトウナ属
花期：10〜11月　分布域：父島、兄島
タンポポのような黄色い花を咲かせる多年草。ネズミの食害により絶滅が危惧されている。

シマウツボ
黄金の寄生植物

ハマウツボ科　ハマウツボ属
花期：1〜3月　分布域：小笠原諸島全域
オガサワラビロウやシロテツなどに寄生する植物。黄色い粗毛に覆われた葉に、小さな花をつける。

シマザクラ
アカネ科　フタバムグラ属
花期：7〜10月　分布域：小笠原諸島全域
日当たりのいい林縁に自生。貴重種だが個体数は多く、夏に紫色を帯びた涼しげな花を咲かせる。

シマシャリンバイ
梅の花に似たバラ

バラ科　シャリンバイ属
花期：12〜3月　分布域：小笠原諸島全域
海岸から山地まで広く分布する常緑小高木。冬につぼみをつけ、芳香のある白い花が開く。

シマホルトノキ
ホルトノキ科　ホルトノキ属
花期:6〜7月　分布域:小笠原諸島全域
成長すると幹や枝にこぶが現れる。5月中旬に葉を赤く染め落葉し、初夏になると白い花を咲かせる。

別名はコブノキ

シマムラサキ
シソ科　ムラサキシキブ属
花期:5〜6月　分布域:父島、兄島
小ぶりの紫色の小さな花が特徴。母島列島にも分布するオオバシマムラサキよりも個体数が少ない。

父島と兄島だけ！

シロテツ
ミカン科　アワダン属
花期:3〜4月　分布域:父島列島
父島の夜明山から中央山、躑躅山にかけてよく見られ、春に小さな白い花を咲かせる。樹高は3〜4m。

チチジマクロキ
ハイノキ科　ハイノキ属
花期:10〜12月　分布域:父島、兄島
個体数が少ない絶滅危惧種。冬に1cmにも満たない白い花を咲かせ、楕円形の実をつける。

実もかわいらしい

ツルワダン
キク科　ニガナ属
花期:通年　分布域:小笠原諸島全域
海沿いの砂浜や崖に自生し、黄色い花を1年中咲かせる。父島ではノヤギの食害によりわずかに。

テリハハマボウ
アオイ科　フヨウ属
花期:6〜7月　分布域:小笠原諸島全域
山地の中腹や低木林に生育。夏季に美しい花を咲かせる。花は1日のうちに朱色になって落ちる。

ハイビスカスの仲間

ハハジマノボタン
ノボタン科　ノボタン属
花期:7〜8月　分布域:母島
夏に美しい淡紅色の花を咲かせる。復元作業により母島の乳房山の遊歩道沿いに植えられている。

ヒメツバキ
ツバキ科　ヒメツバキ属
花期:5〜6月　分布域:小笠原諸島全域
山地を中心に自生し、初夏には愛らしい白い花を咲かせる。島ではロースードとも呼ばれている。

小笠原村の村花

ヘラナレン
キク科　アゼトウナ属
花期:10〜11月　分布域:母島列島
日当たりのいい乾燥地に自生し、秋に白い花を咲かせる。ノヤギやネズミの食害で絶滅危惧種に。

マルバシマザクラ
アカネ科　フタバムグラ属
花期:5〜7月　分布域:父島列島、母島列島
日当たりのいい岩場など乾燥域に生育。ほんのりと赤い花を咲かせる。シマザクラ同様に貴重な植物。

岩場を彩る薄紅色

マルハチ
ヘゴ科　ヘゴ属
分布域:小笠原諸島全域
樹高10mを超えるシダの仲間。葉が落ちると幹に「八」の字を逆さにして丸く囲ったような模様が出る。

八の字模様が名前の由来

ムニンアオガンピ
ジンチョウゲ科　アオガンピ属
花期:4〜5月、10〜11月　分布域:小笠原諸島全域
岩場や低木林の林縁など乾燥した場所を好む。初夏と秋に黄色い可憐な花を咲かせる。

ムニンタツナミソウ
シソ科　タツナミソウ属
花期:3〜4月　分布域:父島、兄島
林内や岩場に自生。春には淡い紅色の花を咲かせ、この形が波のように見えることが名前の由来。

花の形が白波のよう

ムニンツツジ
ツツジ科　ツツジ属
花期:4〜5月　分布域:父島
自生株は父島の躑躅山に1株残るのみで、数十株の植栽株が保護されている。白い花が華やか。

自生株は1株のみ

ムニンフトモモ
フトモモ科　ムニンフトモモ属
花期:8〜9月　分布域:父島、兄島
白い花が多い小笠原で、ひときわ目立つ桃色の花を咲かせる。樹高は5〜6mで10mに達するものも。

メヘゴ
ヘゴ科　ヘゴ属
分布域:父島
林床に生育するシダの仲間。茎の基部にとげがない点で通常のヘゴと区別できる。絶滅危惧種。

亜熱帯らしいシダ植物

小笠原 島人インタビュー 1
Islanders' Interview

英語だったのが急に日本語を使うことになって、授業のやり方や使うお金も変わってしまいました（笑）

セーボレー孝（たかし）さん

庭から出てきたというコイン。小笠原が歩んできた歴史の証

セーボレー家には、小笠原の歴史を知るための貴重な資料がたくさんある。2代目をはじめ先祖の記念写真も

米軍駐留時代から返還までの狭間の時代

小笠原が日本に返還されたのは1968年のこと。戦後、米軍に占領されてから、23年がたっていた。そしてこの23年は、小笠原の人々にとって激動の時代だった。

「小笠原が返還されたとき、私は10歳になるところでした。英語だったのが急に日本語を使うことになって、授業のやり方や使うお金も変わってしまうわけです。何よりも夏休みが短くなったのが悲しかったですね（笑）」

そう語るのはセーボレー孝さん。小笠原に最初にやってきたナサニエル・セーボレーの子孫で、セーボレー家の5代目に当たる。1957年生まれの孝さんは、小学5年生で返還を迎えた。勉強は大変だったが、中学生以上の人はもっと苦労していたという。

「いちばん衝撃的だったのは、国歌と国旗が変わったことです。毎日校庭に揚がっていた星条旗が、返還の日からは日章旗になりました。これは複雑な心境でしたね」

また日本式の朝礼にもなかなかなじめなかったという孝さん。

「それまで先生は、生徒を日陰に座らせて話していました。ところが返還後の朝礼では、日なたで直立不動。日差しが強いのに、変な習慣だと思いましたよ」

さまざまな変化に直面したけれど、最もつらかったのは夏休みの宿題の量が増えたこと……と笑う孝さん。日本スタイルの生活に驚きを覚えつつ、子供たちは新しい環境に順応していった。

壁に飾られていたのは、ペリーに50ドルで土地を売った契約書のコピー

島から出ることで気づく小笠原の居心地のよさ

中学2年生で転校した新潟の学校では、島で覚えたプレスリーの曲を披露し人気を博したそう。

「居心地はよかった。英語の発音は先生よりもよかったし。初めて見た雪にも感動しましたね。だけど、やっぱり暖かい島がいいなって。ゆったり流れる空気というか、全体的な雰囲気というか。結局、島から出ることで、島のよさを確認できたんでしょうね」

島の歴史やセーボレー家のルーツについて膨大な資料を調べ、豊富な知識をもつことで知られる孝さん。少し話せば小笠原に対する深い愛情が伝わってくる。「紳士」という言葉がぴったりな孝さんのさらなる研究が待ち望まれる。

タイプ別、おすすめルートをご紹介

小笠原の巡り方
Recommended Routes

最短でも6日間が必要な小笠原の旅をどう過ごす？

父島をじっくり堪能するのか、母島にも足を延ばして自然を満喫するのか、

スケジュールに合わせたベストルートを提案します。

5泊6日プラン

小笠原の基本プラン1 最短スケジュールで満喫
1航海で無駄なく楽しむ
父島泊 + 母島日帰りプラン

小笠原旅行の基本スケジュール。船中2泊、現地3泊のプラン。
まるまる2日間をどのように過ごすかで、あなたならではの小笠原の旅が実現する。

1日目
おがさわら丸で ゆるっと24時間の船旅
11:00に竹芝桟橋を出港したおがさわら丸は、24時間かけて1000kmを南下。船上からの東京湾の風景、そして夕日や星空を楽しんで。→ P.46

東京湾を船上から観光しよう

2日目

1 紺碧の海に囲まれた 小笠原・父島に到着
翌11:00に父島・二見港に到着。港には宿の人が迎えにきてくれるので、まずは宿泊先の看板を見つけよう。

いよいよ父島・二見港に到着

2 荷物を宿に預けて ビーチでランチ (12:00)
宿によってはすぐ部屋に入れないこと。そんなときは荷物を預けて食事へ。弁当を買って大村海岸で食べるのがおすすめ。

大村海岸で早速スノーケリング

3 海洋センターで ウミガメのお世話♪ (13:00)
入港日の午後に開催される小笠原海洋センターのウミガメ教室。小笠原の自然を知る第一歩になるはず。→ P.80

かわいいね！

ウミガメと触れ合える

3日目 Choice P.40,42
旅スタイルに合わせて 1日ツアーをチョイス
海遊びや山散策など、自分の好みのツアーに参加しよう。1日ツアーは16:00頃に戻ってくるので、夜にナイトツアーを入れてもOK。

きれいな海！
海のツアーがいちばん人気

4日目
緑深い自然に包まれた 母島に日帰りトリップ
小笠原まで来たら、父島だけでなく母島も訪れてみたいもの。父島を7:30に出発し、16:00に帰ってくる日帰りが人気だ。

都道最南端の南崎ロータリー

5日目
出発までは 最後のおみやげ探しを
15:00の出港まで大村周辺の観光スポットを回ったり、おみやげを探したり。帰りの船旅用のおやつもお忘れなく。

個性派Tシャツ！
徒歩圏内にお店がいっぱい

6日目 15:00 東京・竹芝桟橋着

小笠原旅のプランニング ポイント5

小笠原を楽しむには、現地発のツアーに参加するのが一般的。ほかのエリアとは異なるシステムがあるので、旅の前にしっかりチェックしておいて。

POINT 1 ツアーは必ず予約を
参加したいツアーは必ず予約を。特に夏休みなどの繁忙期はすぐにいっぱいになるので早めに予約しよう。

海ツアーは乗船人数が限られている

POINT 2 弁当と水を自分で用意
1日ツアーの場合、昼食と飲料水は基本的に自分で用意する。朝、弁当店や商店、スーパーで購入しよう。

売り切れ御免！

保冷バッグを持参すると便利！

11泊12日プラン

小笠原の基本プラン2 ロングステイで小笠原を知る
2航海でとことん堪能 父島・母島2島泊プラン

2航海するなら、ゆったりとした時間が流れる母島にも宿泊したい。
父島では海だけでなく、トレッキングやビーチ巡りも楽しんで。

1日目
5泊6日プラン同様

2日目

1 父島に到着後、ははじま丸船客待合所へ

おがさわら丸入港日は、そのまま母島行きのははじま丸に乗り継げる。乗船券は予約不要で、乗船前に船客待合所で購入。

下船したらすぐにははじま丸へ

2 ははじま丸出港 乗船前に弁当をゲット! 12:00

ははじま丸の出港は12:00。食事をする時間がないので、おがさわら丸下船後すぐに弁当を買いにダッシュ。

冬〜春はザトウクジラも見られる

3 母島到着 宿にチェックイン 14:00

2時間の船旅で母島・沖港に到着。沖港の船客待合所には母島観光協会があるので、地図などをゲット。→P.134

島中の情報が集まる母島観光協会

3〜4日目　Choice P.44

母島の自然を満喫 1日ツアーをチョイス

母島では豊かな森や山を散策するトレッキングツアーが人気。ガイド付きの1日ツアーなどに参加して、島の自然を深く知ろう。

ガイド付きの島内観光が手軽

5日目

母島から父島へ おがさわら丸のお見送りも

父島に戻る日がおがさわら丸の出港日なら、港で島民と一緒にお見送りを。お見送りは、2航海以上の旅でしか体験できない。

感動のお見送り

迫力ある見送り太鼓

6〜10日目　Choice P.40,42

父島で1日ツアーやのんびりビーチ巡りを

父島でもたっぷり時間があるので、海ツアーから森&山のツアーまで、余すことなく小笠原の自然を体験できるのが魅力。

まさに絶景!

世界遺産の南島

11〜12日目
5泊6日プラン、5日目・6日目と同様

POINT 3 送迎、集合場所の確認を

ツアー会社によって送迎がある場合と港に直接集合する場合とがある。待ち合わせ場所は必ず確認しておきたい。

巨大ないかりが目印の「青灯台」

POINT 4 靴底の洗浄を求められることも

外来種拡散を防止する目的で、船に乗る前や山に入る前に、靴底の洗浄を求められることがある。

小笠原の固有種を守るための配慮　念入りにね

POINT 5 出入港日のツアーに注意

おが丸出入港日は、1日ツアーの開催がなく、半日ツアーのみということも。2航海以上滞在する人は注意。

イルカいる?
出港直前にもツアーに参加できる!

Choice 自分好みにチョイスする基本プラン

目的&タイプ別に選ぶ
父島ツアーを利用する1日モ

1航海でもまるまる2日間あるフリータイム。人気のツアーに参加すれば、効率的に小笠原の魅力に触れることができる。ここでは人気のツアーを中心にした、おすすめの1日の過ごし方をご紹介。自分なりにアレンジして、あなただけの旅を実現して。

Choice1 がっつり島内観光プラン

総距離 22km

父島は公共交通機関が少ないため、短い日程で島内の名所を見て回るなら、まずは半日〜1日の島内周遊ツアーを利用するのがおすすめ。

レンタバイクで遠出しちゃう？

8:30 徒歩5分→

1 ビジターセンターで小笠原の自然と歴史を予習

島内観光の前に、小笠原ビジターセンターで島の歴史や文化、自然を予習。散策に役立つ資料も多数配布している。→P.86

解説しますよ♪

滞在中必ず立ち寄りたい場所のひとつ

9:30 徒歩5分→

2 島内周遊ツアーに参加し島内の絶景スポットを巡る

きれいな浜辺や展望台、フォトスポットなどを車で回るお手軽ツアー。レンタバイクやレンタカーを利用して自分で回ってもいい。

旭平展望台（→P.85）からの眺め

Choice2 海ツアープラン

世界遺産の南島上陸&ドルフィンスイムを楽しむ贅沢な1日ツアー。海況やイルカの出現状況によってツアーの順序は大きく変わるので注意。

陸貝の半化石が転がっている♪

9:00 船で30分→

1 大海原へ出港！まずはイルカを探してクルーズ

野生のイルカと泳ぐドルフィンスイム。まずはイルカを探して船を走らせる。ラッキーなら出港後すぐに群れに出会うことも。→P.56

野生のイルカと泳ぐ夢のような体験

13:00 船で30分→

2 世界遺産の南島に上陸扇池の美しさはため息もの！

南島に上陸。数分のトレッキングで扇池を見下ろす絶景スポットへ。記念撮影をしたら、ビーチに下りてしばし散策♪ →P.56

ビーチにはヒロベソカタマイマイの半化石が

Choice3 山&森ツアープラン

貴重な固有種に恵まれた小笠原の自然に触れられるガイド付きトレッキングツアー。1日と半日のツアーがあるので体力やスケジュールにあわせてチョイスしたい。

トレッキング前にみんなでハートや

8:00 車で15分+徒歩3時間→

1 絶景のハートロックを目指して大村を出発

ハートロック（千尋岩）を目指してトレッキングするツアーが人気。ルート説明や準備体操代わりのヨガを楽しむなど、態勢を整えて。

ふむふむ〜

トレッキングの前にルートを確認

12:00 徒歩3時間+車で15分→

2 南島、母島列島を見渡す絶景スポットに到着！

ガイドの解説を聞きながらゆっくり歩くので、女性や子供でも挑戦できる。ハートロックの上の絶景スポットでランチタイム。→P.72

冬はザトウクジラのジャンプが見られる

父島 ツアーを利用する1日モデルプラン

モデルプラン 選んで組み立て！

プランニングのコツ
1日ツアーは戻りが16:00頃。大村エリアを散策するならツアー後でも十分な時間がある。半日ツアーなら、大村海岸でのんびり過ごすことも可能。夜のツアーも人気があるので、うまく組み合わせて、小笠原を存分に楽しもう。

→ **12:00** 　徒歩15分 → **13:30** 　車で15分 → **18:45**

3 緑に包まれたカフェでボリューム満点島ランチ
半日ツアーに参加したあとはランチタイム。おしゃれなカフェもあるので、気に入った店で島ランチを楽しもう♪

4 大神山神社&公園を散策後大村でおみやげ探し
食後は坂道を上って大神山神社&公園へ。大村集落と二見港を一望する絶景スポット。集落に戻り、おみやげ探しを。→ P.85

5 ナイトツアーに参加して夜の小笠原の森を探検
夜はナイトツアーに参加。夜行性の動物や、運がよければヤコウタケ（グリーンペペ）も観察できるかも。→ P.79

ハートロックカフェ（→ P.27）　サメバーガー！

展望スポットで記念写真を

天然記念物のオガサワラオオコウモリ

→ **15:00** 　船で15分+徒歩5分 → **18:00** 　車で5分 → **19:30**

3 兄島海域公園でたっぷりスノーケリング
イルカ探しの合間に兄島海域公園でスノーケリングを楽しむ。ランチタイムに訪れて、船上で弁当タイムにすることも。→ P.57

4 気取らない雰囲気の居酒屋で島料理を堪能
宿に戻ってシャワーを浴びたら、早めに夕食へ。定番メニューから島料理まで揃った居酒屋なら、食の好みを気にせず誰もが楽しめる。

5 満天の星の下、宮之浜でウミガメ放流会に参加
7〜9月は小笠原海洋センター（→ P.86）が宮之浜などで子ガメの放流会を開催。宮之浜は歩いても行けるが、車かバイクがベター。

熱帯魚が泳ぐ兄島海域公園

茶里亭（→P.29）で小笠原の旬の食材を楽しんで　満たされる〜

子ガメの放流会の開催は当日決定する

→ **16:00** 　徒歩5分 → **17:30** 　車で15分 → **19:00**

3 宿に戻り余力があれば大村散策
宿に戻ってリフレッシュ。余力があれば大村集落を散策。ビジターセンター（→ P.86）や世界遺産センター（→ P.86）で復習も楽しい。

4 おしゃれ居酒屋で早めの夜ご飯
トレッキングのあとは、雰囲気のいい居酒屋でリラックスして食事を楽しもう。小笠原の食材を使ったメニューは必食！

5 北緯27度の夜空を見上げ満天の星に感激！
元気なあなたは、ウェザーステーション展望台で星空観賞。詳しい解説付きの星空ツアーに参加するのも◎。→ P.79

ツアーの合間に買い物タイム♪

洋風居酒屋 CHARA（→ P.28）で夕食

夜空を覆う星に言葉を失うはず　ロマンティック☆

Choice

小笠原の楽しみは無限大！

どんなときでも楽しめる！
父島 シチュエーションで選ぶ1日

雨などの天候不良や海況が不安定なとき、ツアーを利用せず自分のペースで自由に島を回りたいときなど、どんなシチュエーションでも楽しめる父島のおすすめモデルプラン！いいとこどりで自分らしい旅を実現しよう。

Choice 4

雨の日プラン

雨の日や海が荒れてツアーがキャンセルになった日は、ビジターセンターを巡ったり、屋内で楽しめるクラフト教室などに参加するのがおすすめ。

雨の日だって楽しいよ！

8:00 → 徒歩5分 → **9:00** → 徒歩4分 →

1 雨の日の朝はおいしいパンで気分を上げる

素泊まりで滞在しているなら、雨の日の朝は早朝から営業しているベーカリーへ。焼きたてパンをほお張れば気分が上がる。

6:30から営業しているベーカリー、たまな（→P.90）

2 小笠原の貴重な自然環境を学ぶ世界遺産センターへ

世界遺産に登録された小笠原の貴重な自然を解説する小笠原世界遺産センター。ワークショップを開催していることも。→ P.86

子供に人気の自由工作コーナーがある

Choice 5

自分時間を楽しむ 自力でビーチ巡りプラン

ツアーに参加しなくても楽しめるのが、島内にある美しいビーチ巡り。レンタカーや村営バスを駆使して出かけよう。スノーケリングをするなら、初心者はツアーに参加することをおすすめする。

村営バスは使い勝手よし！

＊バスの時間は変更になることがあるので、必ず利用前にホームページで確認を（→ P.132）

7:00 → 徒歩3分+バスで10分 → **7:45** → バスで11分 →

1 朝いちばんに弁当の買い出しへ！

集落から離れたビーチの周辺には店や自販機がないので弁当や飲み物（1人1ℓ目安）を準備しておこう。

入港中は早朝から営業するチャラ日和（→P.25）で弁当をゲット

2 村役場前からバスに乗って穏やかな扇浦海岸へ

バスで約10分の広いビーチと遠浅の海が広がる扇浦海岸。ひとつ前の停留所の境浦海岸もスノーケリングにおすすめ。→ P.70

扇浦海岸前にマーメイドカフェ（→P.25）が出店していることも

Choice 6

おが丸出入港日の半日プラン

おがさわら丸の出入港日は一般のツアースケジュールが変則的になることも。繁忙期には半日ツアーが開催されることが多いので要チェック。

亀仙人になりきり♪

AM（出港日）／PM（入港日）

プラン1 海洋センターのウミガメ教室がおすすめ！

小笠原海洋センター（→ P.86）で入港日の午後、出港日の午前中に開催されるウミガメ教室は、到着・出発日を有効に使えるので人気。

ウミガメの甲ら磨きも体験できる

AM（出港日）／PM（入港日）

プラン2 旅の安全を祈る!? 御朱印をいただきに神社へ

入港日は大神山神社（→ P.85）、出港日は小笠原神社（→ P.85）に宮司さんが在所し、御朱印をいただける。周辺の散策も楽しみ。

御朱印帳を忘れずに持っていこう

モデルプラン
組み合わせ自由

プランニングのコツ
バスやレンタカーを利用してビーチへ行く場合、安全対策をしっかりして泳ぐこと。ひとりで海に入らないのはもちろん、スノーケリングに不安がある人は迷わずツアーを利用しよう。宿の人に行き先と帰りの予定時間を伝えることも大切だ。

父島 シチュエーションで選ぶ1日モデルプラン / 巡り方

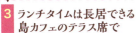

→ **11:30**　徒歩5分　→ **13:00**　徒歩すぐ　→ **14:30**

3 ランチタイムは長居できる島カフェのテラス席で
おしゃれな雰囲気の PIR HALE（→ P.27）は少しの雨ならテラス席で食事を楽しめる。島の味覚を満喫♪

雨でも開放的な気分になれる

4 シーボーンアートをのんびり楽しむ
海岸に落ちているビーチグラスと呼ばれるガラス片でランプシェードを作る体験教室。思い出の品を作ろう。→ P.82

ビーチグラスや貝殻を使って作る

5 旅の疲れを癒やしゆったりボディメンテ
雨の日の夕方は自分を労わるのにぴったりな時間。本格的なトリートメントプログラムで体のメンテナンスをしよう。

エサレン・ボディワーク（→ P.82）で癒やされて！

→ **9:49**　徒歩すぐ　→ **12:00**　徒歩3分　→ **14:10**

3 極上のビーチが広がる東京都最南端のバス停へ
村営バスの終点にある小港海岸。世界遺産登録エリアで、真っ白なビーチと豊かな自然が圧巻だ。→ P.70

静かな小港海岸。隣のコペペ海岸へトレッキングも可能

4 海岸の休憩舎でピクニックランチ
木陰にある屋根付きのウッドテラスで持ってきた弁当を楽しもう。海岸左右の岸壁には枕状溶岩が観察できる。

シャワーはないがビーチ横にはトイレと休憩舎がある

5 ビーチと海を満喫しそろそろ大村へ
ビーチを存分に楽しんだら、そろそろ帰りの時間。サンセットを見るために最終便の 18:35 まで滞在するのも手。

帰りのバスの時間は必ずチェック　写真提供：小笠原村観光局

PM（入港日）

プラン3　スノーケリングのレッスンで準備万端！
到着日の午後に、半日のスノーケリングレッスンを開催するツアー会社も。ドルフィンスイムをより楽しむために参加すると Good。→ P.66

初心者はビーチや湾内でのレッスンが一般的

AM（出港日）

プラン4　戦跡ツアーで歴史に思いをはせる
最終日の出港前に参加する人が多い戦跡ツアー。3時間程度のツアーで自然散策も楽しめるので根強い人気がある。→ P.78

森林の中に残る日本軍の遺構

AM（出港日）

プラン5　乗船前のヨガで島のパワーをもらって帰ろう
慌ただしく過ごした小笠原の旅。最終日はヨガで全身をほぐしてから乗船すると快適な船旅に！→ P.81

大自然の中でのヨガ体験。心も体もすっきり♪

Choice 日帰りにも対応するおすすめプラン

豊かな自然をたっぷり満喫する
母島ツアーを利用する1日

公共の交通機関がない母島を楽しむには、ツアーに参加して効率的に回るのがいちばん。知識豊かなガイドと歩くトレッキングツアーは母島観光のハイライトになるはずだ。

Choice1 日帰り島内観光プラン

父島から日帰りで訪れる人も多い母島。4時間30分の滞在時間を有効に使うなら2時間30分の島内観光ツアーに参加するのがおすすめだ。

オカヤドカリに注意！

＊往路父島 7:30 発、復路母島 14:00 発のははじま丸に乗船するプラン。ルートは一例

9:30 ― 車で45分 →

1 母島到着！迎えの車で島内観光に出発

ガイドの車でまず向かうのは都道最南端の南崎ロータリー。早速メグロやオガサワラトカゲなど珍しい生物に会えるかも。→ P.100

南崎ロータリーは南崎＆小富士への出発点

10:30 ― 車で30分 →

2 名所を巡りながら母島北端にある北港へ

眺望スポットや母島の自然を知る保護区域などに立ち寄りながら母島北端の北港（→ P.103）へ。北村小学校跡（→ P.104）も見どころ。

かつて 600 人が暮らしていた北村集落にある

Choice2 南崎・小富士ハイキング

母島の南端に位置する南崎＆小富士。個人でも片道 1 時間ほどで行けるが、ガイド付きが安心。

8:45 ― 徒歩75分 →

1 南崎ロータリーからのんびりスタート

南崎ロータリーの入口で靴裏の泥を落とし、酢などで洗う。貴重な動植物を守るために外来種の除去を念入りに。

利用方法が書かれた看板に従おう

10:30 ― 徒歩30分 →

2 小富士の頂上に到着！壮大な景色を満喫

標高 86mの小富士の頂上からは南崎の海岸を見下ろせる。事前に母島観光協会に申請すれば登頂記念証（300 円）がもらえる。→ P.100

冬から春には沖にザトウクジラが見られることも

Choice3 乳房山トレッキング

標高 463m、父島・母島の最高峰、乳房山。絶景スポットが多く、道中、貴重な固有種を観察できる。

自然の色に癒やされる！

8:45 ― 徒歩135分 →

1 固有種を観察しながら乳房山の絶景ウオーク

集落の近くに登山口がある乳房山。標高 463mの頂上から見る風景は格別。母島にしか生息していないメグロを探そう。→ P.98

熱帯植物に覆われた森を歩く

11:00 ― 徒歩30分 →

2 母島列島を望む頂上からの圧巻の景色

母島固有の動植物について解説を受けながらゆったりとしたペースで山頂へ。真っ青な海と緑豊かな岬を見渡す圧巻の風景。→ P.98

頂上からは母島東部の海を一望できる

モデルプラン

効率的に回る！

プランニングのコツ
1日ツアーでも14:00頃には宿に戻るので、ツアーのあとにビーチや集落の散策を楽しむ時間がある。体力がある人はナイトツアーもおすすめだ。1日ツアーには弁当がついていないので、宿泊施設に弁当（有料）をお願いするのを忘れずに。

母島 ツアーを利用する1日モデルプラン

→ **11:30** 　徒歩5分　→ **12:30** 　徒歩5分　→ **14:00**

3 ロース記念館で母島の歴史に触れる
戦前に使われていた民具や漁具、製糖機器などを展示する母島の郷土資料館。時間が許せばタコノ葉細工体験（500円）に挑戦。

4 解散後にテイクアウトでのんびりランチタイム
沖港で解散したら元地集落のBOOTERS（→P.106）でテイクアウト。店先や港でピクニック気分のランチをどうぞ。

5 島民に見送られながらははじま丸に乗って父島へ
日帰りの短い時間でも、母島の魅力がぎゅっと凝縮されたツアーに参加して充実した1日に。父島までの2時間をのんびり過ごそう。

大正時代の砂糖貯蔵庫を復元（→P.105）

14:00発の船に遅れないように注意！

島民のお見送りもおなじみだ

→ **11:30** 　徒歩60分+車で15分　→ **14:30** 　徒歩15分　→ **15:30**

3 珊瑚礁が目の前に広がる南崎ビーチ周辺でランチタイム
手つかずの南崎のビーチ。目の前には美しい珊瑚礁が広がる。ガイドとの会話を楽しみながら近くの木陰でランチタイム。→P.100

4 余力があれば行きたい小剣先山プチ登山
14:00頃に宿に戻り、しばし体の疲れを癒やしたら元地集落から15分程度で登れる標高112mの小剣先山へGO！→P.101

5 ゆったりと時間が流れる集落をのんびり散策
小剣先山を下山したら、そのまま母島の中心である元地集落を散策。集落に面した前浜では地元の子供たちが遊んでいる。

南崎から見る小富士も美しい

頂上からは集落を見下ろす絶景が

一本道に商店や小中学校が並ぶ

→ **11:30** 　徒歩60分　→ **14:30** 　徒歩1分　→ **17:00**

3 自然を満喫しながらお楽しみのランチタイム
ランチは山頂か下山途中にある休憩所で取ることが多い。登頂の余韻に浸りながらゆっくり体の疲れを癒やして。→P.98

4 疲れた体に糖分チャージ!?カフェでパンケーキを
宿に戻るのは14:00頃。一息ついたら漁港近くにある88cafe（→P.105）へ。疲れた体にビールやスイーツが染みる！

5 脇浜なぎさ公園のビーチでのんびり
余力があれば脇浜なぎさ公園へ足を延ばそう。5〜7月の夜には産卵にくるウミガメに会えるかも。→P.105

雰囲気満点のガジュマルの木

カフェタイムは16:00まで

海に面して芝生の公園が広がる

24時間の過ごし方まるわかり

島旅は"おが丸"に乗船した瞬間に始まる！
おがさわら丸 船旅スケジュール

東京から1000kmの距離を24時間かけて南下するおがさわら丸、通称おが丸。24時間は長く感じるかもしれないが、最新の設備が整い、快適で楽しい時間を約束してくれる。潮風が心地いい甲板で、船旅ならではのゆったりと流れる時間を味わって。

1日目

11:00 1 竹芝桟橋を出発。しばし東京湾観光

港の作業員が手を振ってお見送り。出港から約3時間は東京湾。レインボーブリッジや人工島・風の塔など東京湾観光を満喫。

船室に荷物を置いたら外部デッキへ！

11:30 2 船内散策♪ 観光案内もオープン

11:30からは4デッキ観光情報コーナーで解説員が島の情報を案内（※）。ツアーの予約がまだの人は、情報をもとに電話を。

観光パンフレットもたくさん

13:00 3 ランチは軽く島塩ラーメンはいかが？

湾外に出る前に食事を。レストランのほか、売店や自販機でパンやカップ麺を購入しても。電子レンジや給湯器は無料で利用可。

レストランの昼食は通常11:15～14:00
島塩ラーメン♪

16:00 4 展望ラウンジでおやつタイム

眺めのいい7デッキ展望ラウンジHaha-jimaは、のんびり船旅を楽しむのに最適。軽食やビールなどのお酒も楽しめる。

展望ラウンジ。船外デッキにも席がある

日没 5 甲板で夕焼け空のグラデーションを

サンセットに染められた大海原と空は格別。季節によって日没前に八丈島の沖を通過し、シルエットになった島が見られる。

日没時間は季節によって変わる
ドラマチック

19:00 6 お楽しみの夕食はステーキ食べちゃう？

船内レストランChichi-jimaの夕食タイムは通常17:30～21:00。人気メニューは島塩ステーキセット（2000円）。

ご賞味あれ！
ご飯と味噌汁付き♪

20:00 7 夜の甲板から満天の星を！

すでに東京都心から350kmの洋上にいるおがさわら丸。当然周りは真っ暗。上部デッキのベンチに横になって星空観察を！

ビール片手に星空観察もすてき

21:00 8 シャワールームでさっぱり♪

シャワールームは24時間使用可能。ボディソープとリンスインシャンプーは用意されている。2等船室は22:00に消灯される。

シャワーと脱衣スペースが分かれている
ドライヤーも！

何かあったら4デッキへ！

落とし物や備品の不具合など、船内で何か困ったことがあったら4デッキの案内所へ。4デッキにはキッズルームや授乳室、貴重品ロッカーも揃う。

キッズルームで子供も満足
ホテルでいったらフロントのような存在の案内所

※繁忙期（ゴールデンウイーク、お盆、2～3月）を除く通常便にて実施

おがさわら丸 船旅スケジュール

巡り方

船室ガイドはP.131をチェック！

- 竹芝桟橋 往11:00 復15:00
- 伊豆大島通過 往14:50 復11:10
- 三宅島通過 往16:10 復 9:50
- 八丈島通過 往18:50 復 7:15　八丈島まで300km
- 鳥島通過 往1:20 復0:40
- おがさわら丸 24時間
- 父島まで1000km
- 北之島通過 往9:00 復15:05
- 父島 往11:00 復15:00　ははじま丸 2時間 50km
- 母島
- 📱 = 携帯の電波がつながるところ

2日目

1 日の出　朝日をチェック 甲板を朝のお散歩♪

早起きしたら船外デッキに出てサンライズを楽しもう。東京湾とはまるで異なる海の色に感動だ。海風を楽しみながら散歩を。

感動の朝日！
朝日が空を真っ赤に染める

2 8:00　展望ラウンジかレストランで朝ごはん

しっかり食べるならレストランへ。軽めなら展望ラウンジでおにぎりやホットケーキはいかが？　いずれも営業は 7:00 ～。

売店ではパンを
朝日が気持ちいい展望レストラン

---

3 9:00　聟島列島通過 ホエールウオッチングも！

9:00頃に小笠原諸島北端に到達。12～5月頃はザトウクジラを観察できるかも。デッキでは解説員による島の解説も（※）。

島が見えた！
ケータ列島と呼ばれる聟島列島

4 10:00　荷物の整理をして忘れ物のないように

到着まであと少し。午後にツアーなどの予定を入れた人は、必要なものをすぐ取り出せるように仕分けしておくといい。

貴重品ロッカーに忘れ物はない？

5 11:00　父島・二見港到着！

二見港では宿泊する宿の迎えを探す。また出港時には船客待合所にある観光案内所で滞在記念証を配布している。

港には宿の迎えがずらり

小笠原名物、感動のお見送り

帰りはここに注目！

帰りのおが丸は、盛大なお見送りが見もの。お世話になった人たちが港に集まり、行ってらっしゃいと手を振ってくれる。船が港を離れると、たくさんのボートが並走するのも小笠原名物だ。

見送り太鼓で安全航海を祈願！

涙が出ちゃう

行ってらっしゃ～い
大小たくさんの船がしばらく並走しておがさわら丸を見送る。最後はスタッフが海に華麗にジャンプ！

47

小笠原 島人インタビュー 2
Islanders' Interview

到着時はちょっと緊張した表情の
ひとり旅のお客さん同士も、
帰るときには昔からの知人のよう♪

等史さんのご両親が創業した小笠原ユースホステル。建て直す前の建物が写っている

小笠原ユースホステル
佐々木 等史・美直子 さん

遊びに来てね

45年の時を経ても変わらない自然の美しさ

創業1980年という45年の歴史を誇る小笠原ユースホステル。老舗の宿を切り盛りする2代目のご夫婦に、小笠原を訪れる観光客についてお話をうかがった。
「私は小笠原ユースホステルができて4年目に、ゲストとして泊まっているんです」とは女将の美直子さん。島の雰囲気にひかれ、ヘルパーとして働くようになったそう。
「当時はスケジュールに余裕のあるお客さんが多かったですね。帰る日を延ばして、そのまま働いてしまうとかね」
今はそういうお客さんはすっかり減ったとか。ユースホステルにはさまざまな世代のお客さんが訪れるが、やはり時代によって小笠原の客層には変化を感じると等史さん。
「小笠原の観光業は過去に2度、大きく盛り上がった時期がありました。1度目は1992年頃のイルカ・クジラブームのとき。島は女性と大学生でいっぱいでした。そして世界遺産登録後の2012年。今もそうですが、団体のツアー客と大学生が増えましたね」
2度のブームを経て集落はにぎわうが、変わらないものもある。
「山から見た美しい海や夜空に瞬く神秘的な星々は変わりません。そんな自然との出会いが島の魅力なんだと思います」

人との触れ合いが楽しい優しい気持ちになれる島

自然はもちろん、人との出会いも小笠原の魅力のひとつ。美直子さんはうれしそうに言う。
「小笠原では、1航海でも同じ宿で3泊過ごすことが多いので、お客さん同士がすごく仲よくなりますよね。到着時はちょっと緊張した表情のひとり旅のお客さん同士も、帰るときには昔からの知人のよう。一緒にまた帰ってきますって言ってくれるんですよ」

小笠原ユースホステル→ P.93

出港するおがさわら丸へ、ウェザーステーション展望台から鏡の反射を使ったお見送り

元スタッフが描いたカラフルなウエルカムボード

壁にはゲストからの手紙や写真がいっぱい。海外からのお礼状も!

48

さて、島に来て何をしましょうか？

小笠原の遊び方
How to Enjoy

小笠原には豊かな自然を舞台にしたツアーが豊富に揃う。

透明度抜群の海でイルカと泳いだり、世界遺産の森を歩いたり、
はたまた空を埋め尽くす星を眺めたり、好奇心のおもむくままに島を満喫！

のんびりとした空気が漂う
小笠原諸島の玄関口

父島NAVI

紺碧の海と世界自然遺産の森に包まれた父島。
港周辺はカフェやみやげ物店が並び、おしゃれな雰囲気だ。
まずは島の概要をチェックして、島歩きの計画を立てよう。

島で〜た

- 人口　2077人（2024年）
- 面積　23.8km²
- 周囲　約52km
- 最高地点　326m（中央山付近）

大村 P.84

おがさわら丸が入港する二見港に面した、小笠原諸島の中心。宿泊施設や食事処、みやげ物店などが集中し、小笠原観光の拠点となる。

気になる ベーシックインフォメーションQ&A

Q おすすめの過ごし方は？

A 海と山のツアーに参加しよう
イルカやクジラが現れる小笠原の海をボートで回る1日ツアーがおすすめ。そのほかにカヤックや釣りといったツアーも人気だ。また世界遺産の森をガイドと回るトレッキングツアーもぜひ楽しみたい。

Q ツアーに参加しないと楽しめない？

A 自分で回るビーチ巡りやハイキングも
島内にあるスポットを自分で回るのも楽しい。レンタカーを利用するのがおすすめ。小笠原ビジターセンター（→P.86）でスノーケリングマップや生物観察のポイントといった冊子が手に入るので、ぜひ訪れてみて。

Q 絶対に食べたい料理は？

A カメ料理は小笠原ならでは
年間捕獲数が制限されているが、アオウミガメは小笠原で人気の食材。初心者には刺身、ツウなら煮込みがおすすめだ。

Q 雨の日はどうする？

A クラフトを楽しむのが定番
シーグラスやタコノ葉を使ったクラフト教室が人気。また海が荒れない限り、雨でもスノーケリングは楽しい。

扇浦

個性的な宿が増えているエリア。施設の整ったビーチが近く、のんびりとした時間を過ごせる。

南島

世界遺産区域にあり、沈水カルストという珍しい地形を観察できる。白砂と岩に囲まれた扇池は小笠原を代表する美景スポット。→P.56

小港

豊かな緑に包まれたエリアで、こだわりの宿が数軒。小笠原でいちばん広いといわれる小港海岸はのんびりしたり、星空観察におすすめ。

遊び方

父島 NAVI

奥村

大村の東にある集落で、二見漁港に面している。小型船が停泊する「とびうお桟橋」は、海のツアーの出港地として使われることも。

釣浜
長崎
奥村
旭山 ▲267
境浦
夜明山 ▲308
父島
初寝山 ▲220
扇浦
中央山 ▲319
時雨ダム
巽湾
東島
巽島
天之浦
亀之首
天ノ鼻
巽崎

旭平展望台
吸い込まれそうな濃紺の海が眼下に広がり、左手に兄島、右手に東島を望む。水平線から昇る壮大な日の出が見られる名所でもある。
→ P.53、85

旭山
30分ほどで登れる手軽な山。紺碧の二見港の眺めは一見の価値あり。北に兄島、南に南島も一望する。
→ P.52

千尋岩
海から見るとハートの形をした千尋岩、別名ハートロック。南島へのツアーなどで海から見ることができる。→ P.53

父島の島内交通・詳しくは P.132

村営バス
大村地区内を循環する循環線と大村地区と郊外を結ぶ扇浦線がある。ブルーのボディが目印。

レンタカー
島内にあるレンタカーの数は限られているので、特に繁忙期は早めの予約をおすすめする。

レンタバイク
手軽に利用できる50ccのものを中心に、ふたり乗りが可能な100ccクラスもある。

レンタサイクル
遠出しないなら自転車もおすすめ。集落を離れると山道が多いので電動アシスト付きを。

タクシー
観光タクシーとして乗り合いタクシーや貸し切りタクシーがあり、観光スポットを効率よく回れる。

51

大自然の鼓動を感じさせる小笠原の素顔

父島を彩る絶景スポット10

世界でも類を見ない独特の自然環境に恵まれた小笠原諸島。
最も人口が多く観光客も訪れやすい父島でさえ、
息をのむほどの美景やダイナミックな自然の造形にあふれている。
圧倒的な存在感で心を揺さぶる父島の絶景を紹介しよう。

❶ 旭山
MAP 折り込み③ B2

遊歩道の入口から30分ほどで頂上まで歩ける手軽な山。展望ポイントからは紺碧の海をたたえた二見港を一望できる。北に兄島、南には南島が見える。→ P.76

❷ 中山峠展望台
MAP 折り込み② A2

ジョンビーチへ向かうトレッキングコースの途中にある展望台。北には小港海岸とコペペ海岸、南側にはブタ海岸と南島が見える。二見湾まで見渡せる日もある。→ P.85

❹ 海中景観（製氷海岸）
MAP 折り込み③ A2

ボニンブルーと呼ばれる小笠原の海は、透明度が高くダイビングやスノーケリングに最適。製氷海岸のエダサンゴというポイントでは、明るい浅場で元気なサンゴが育つ。→ P.67、71

❸ 星空（小港海岸）
MAP 折り込み② A2

宝石のようにきらめく星空は、集落から少し離ればどこからでも見られる。肉眼でもたくさんの星を観察できるので、星座の本を持っていくと楽しめる。ナイトツアーに参加してもよい。→ P.70

遊び方

父島を彩る絶景スポット10

❻ 千尋岩（ハートロック）
MAP 折り込み④ B4

円縁湾に面した巨岩は、赤い岩肌がハートに見えることからハートロックと呼ばれる。トレッキングツアーの目的地として人気だが、ハートは船で海側から確認して。→ P.72

❼ 長崎展望台
MAP 折り込み④ B2

島の北西に位置する展望台。目の前に兄島を望み、父島と兄島に挟まれた兄島瀬戸も、潮流まではっきりと見てとれる。周辺の崖には枕状溶岩が見られる。

交 B-しっぷから車で8分＋徒歩1分

❺ 旭平展望台
MAP 折り込み④ B2

夜明道路沿いにある展望台なので、車でアクセスしやすいのが魅力。東側の海域がパノラマで広がり、左側に目を向けると兄島も見える。→ P.85

❽ 初寝浦展望台
MAP 折り込み② B1

展望台からはアカガシラカラスバトの保護区になっている中央山東平や初寝浦が見られる。大きな軍用施設跡があり、森の中にはたくさんの戦跡が眠る。

交 B-しっぷから車で17分

❿ 大神山公園
MAP P.84B2

大村集落の背後にある階段を上り、大神山神社よりさらに進むと展望台がある。眼下には紺碧の二見港と集落が広がる。夕日に染まる大村も幻想的。→ P.85

❾ ウェザーステーション展望台
MAP 折り込み④ A2

三日月山の中腹にある夕日の好スポット。空の染まり方は毎日、少しずつ異なり、島の人たちも集まる。→ P.79、85

53

波の穏やかな扇浦海岸はシーカヤックツアーに使われることが多い

当日慌てないためにまずチェック！
父島現地発ツアーのキホン

小笠原の旅を彩ってくれるのが現地発のツアー。
海のツアー、山のツアーなどいろいろあるが、参加する前に知っておくべきことを紹介。
ツアー参加の当日に慌てないように準備をしておこう！

これだけは確認！ 現地発ツアーのチェックポイント7

どんなツアーがある？
ツアーの種類と ツアー会社の選び方

父島はツアー催行会社（→ P.83）が多く、どの会社を選べばいいか迷う。一般的には海に強い会社と山に強い会社に分かれ、ゲストのニーズに合わせてさまざまなコースを用意している。気になる会社のホームページを確認して、内容やスケジュールが**自分の理想に合うところを選ぶ**といい。

どこまでツアーを利用するか
現地発ツアーに 参加しないと楽しめない？

個人でもビーチを巡ったり散策したりできるが、ボートでアクセスする場所や南島、東平サンクチュアリのように**ガイド付きツアーでないと行けない場所**もある。またガイドによる解説は小笠原の知識を深め、旅をより思い出深いものにしてくれるので、滞在中一度は参加してほしい。

Check Point 1 船と宿を予約したら アクティビティの 予約を

小笠原の旅はおがさわら丸を予約したときから始まる。繁忙期は**船の予約と同時にまず宿、そしてツアーの予約**を済ませよう。各社の予約状況については下記サイトで確認できるが、多少タイムラグがあるので、空きがなくても諦めずに直接連絡を。最近はLINEで簡単に予約できるところも。

**小笠原村観光協会
アクティビティ予約状況サイト**
URL www.ogasawaramura.com/activity-reserve

船と宿を取ったら次はツアーの予約を！

Check Point 2 1日ツアーと 半日ツアーの 開催日をチェック

船でしか行けない世界遺産の海を楽しんで

ツアーは一般に1日ツアーが多く、**半日ツアーはおがさわら丸の出入港日のみ**というケースが少なくない。しかし最近ではゲストのニーズに合わせて**半日ツアーや海と山を組み合わせたプライベートツアーを用意するなど差別化**を図る会社が増えている。1日ツアーに参加する体力に自信がない人や子供連れの人は、各社のホームページを念入りにチェックしよう。

Voice ツアー会社は日中、ツアーに出かけていて連絡が取れないことが多い。電話をするなら夕方16:00以降がつながりやすい。最近はLINEやInstagramのDMで予約や問い合わせができるところが増えているので活用しよう。

父島 現地発ツアーのキホン

遊び方

固有の生物を見るならガイド付きツアーに参加

Check Point 3 到着後の午後ツアーを予約・参加する際の注意点

おがさわら丸で到着後、午後からの半日ツアーに参加する場合は、持ち物をスムーズに用意できるよう事前の確認を念入りに。**下船前に服装を整え、荷物を分けておく**といい。下船後のランチは手軽な弁当にするとスムーズなので、すぐに購入できるよう店をある程度決めておこう。

Check Point 4 ツアーの集合場所の確認を忘れずに

大村周辺に宿泊する場合、特にボートを利用するツアーは港の指定場所に集合ということが多い。**初来島の旅行者は土地勘がなく戸惑う**ところ。二見港の集合場所はおもに以下の場所になっているので、事前に地図でチェックしておこう。

代表的な集合場所

青灯台
青灯台(写真奥)手前のふ頭を指すことが多い。トイレがあるので便利

イカリのモニュメント
青灯台のふ頭へ向かう手前の芝生にあり、横には旧青灯台の遺構がある

クジラのモニュメント
おがさわら丸客待合所の横にある巨大なクジラ像

B-しっぷ前
小笠原村観光協会があるクジラの壁画が目印の建物

Check Point 5 事前に服装とシューズの確認と準備を

服装と持ち物についてはツアー会社から細かく連絡があるが、**訪れる場所にふさわしい服装とシューズを準備**するのが基本。特に南島は足場が悪いところがあり、マリンシューズなどかかとのある靴が求められる。海のツアーだからとビーチサンダルで行くのはNGだ。また水着は着て宿を出よう。

TOUR Memo ツアー前の靴裏洗浄

父島から南島や母島へ行く場合、乗船前に靴裏の洗浄を求められる。そのほかトレッキングでも必要な場所があるのでガイドの指示に従おう。

Check Point 6 レンタル器材の確認

スノーケリングセットやウエットスーツ、釣り竿などを**レンタルしたい場合、事前に申し込みを**。子供用を用意しているところも多い。ただしいずれも数に限りがあるうえ、特にスノーケリングセットはフィット感が悪いこともあるので、できれば**自分に合うものを購入**していきたい。

Check Point 7 当日の朝は弁当と飲み物の確保を

1日ツアーに参加する場合、基本的に昼食は自分で用意する。**当日の朝に忘れずに弁当を購入**しよう(→P.24)。水などのドリンク類は用意してくれることもあるが、そうでない場合、1人1ℓを目安に人数分を準備。船のツアーでは弁当はクーラーボックスに入れてくれることが多い。

TOUR Memo 保冷剤や保冷バッグが便利

陸のツアーや船で手元におやつやドリンクを置いておきたいなら保冷剤を用意するか、小さいペットボトルを凍らせて保冷バッグに一緒に入れておくといい。

父島現地発ツアーのQ&A

Q 当日や前夜に予約できる?
A **前夜は場合によっては可**
当日はまず無理だが、前日の夕方なら予約できることも。キャンセル数なども含め、ガイドの判断になるので、まずは電話してみよう。

Q 体調が悪い場合キャンセルできる?

A **所定のキャンセル料がかかる**
もちろんキャンセルはできるが、所定のキャンセル料が必要。原則は前日までに連絡を。当日は100%のキャンセル料がかかる。

Q 船酔いが心配だけど海のツアーに参加できる?
A **できるが十分な対策を!**
ツアー会社は船酔いの薬を用意していないので、不安な人は小笠原へ行く前に酔い止め薬を用意しておこう。

Q 1人で参加したいが最少催行人数はある?
A **ツアー会社による**
2人からという設定が多いが、1人でも催行するツアー会社もあるのでウェブサイトなどでチェックするといい。

Q 子供連れでも参加できる?
A **子連れOKのツアーが多数**
どのツアーも基本的に子供OK。ただし未就学児はケースバイケース。ファミリー層に力を入れているツアー会社もある。

Q イルカやクジラ、珍しい動植物は必ず見られる?
A **野生生物なので絶対はない**
野生生物なので絶対見られるとは断言できないが、長年のリサーチとガイドの経験により高確率で見られるのは確か。

---

voice 海のツアーでも山のツアーでも意外と軽視されがちなのがウインドブレーカーなどの雨具。雨は降らなくても水しぶきや風の影響で夏でも肌寒く感じることがある。荷物になるが、トレッキングツアーに参加する人はトレッキングシューズもお忘れなく。

ツアーで行く！

キュートなイルカと泳いで
世界遺産を訪ねる贅沢な体験

ドルフィンスイム＆南島ツアー

野生のイルカと泳ぐという夢のような体験に加え、世界遺産エリアの南島に上陸。小笠原で絶対体験したい人気ツアーがこちら！

大自然を体験する
小笠原旅行のハイライト

　世界遺産に登録された小笠原の海を満喫する人気のツアー。父島から南西へ約1kmの海域に浮かぶ南島は、雨や波による浸食・風化を受けて石灰岩が沈降した沈水カルスト地形が特徴。島内にはすり鉢状のくぼ地であるドリーネや鋭くとがった岩が続くラピエなど、特殊な地形が広がり、周囲の海域とともに世界遺産区域となっている。
　南島の魅力はもちろん、その美しい風景。岸壁にあいたアーチ状の穴から波が寄せる扇池は、まばゆい白砂のビーチに覆われ、穏やかな風景のなかに迫力が漂う大自然のアート。貴重な自然を守るため、ガイド1人につき15人まで、指定経路以外は立ち入り禁止などのルールがある。
　南島上陸の前後には、ボニンブルーと称される紺碧の海に暮らす野生のイルカを探し、運がよければたっぷりドルフィンスイムを楽しめる。一緒に泳げるのは、好奇心たっぷりのミナミハンドウイルカだ。

サンゴの海を悠々と泳ぐミナミハンドウイルカ

もっと知りたい！
砂浜に散らばる
カタツムリの殻は何!?

　南島は自然の博物館。砂浜を観察すると、カタツムリの殻のようなものが無数に散らばっている。これは1000〜2000年前に絶滅したと考えられるヒロベソカタマイマイなどの殻が半化石化したもので、これだけの数を観察できるのは貴重な体験。もちろん持ち出し禁止。

大きいものでは4cmほどになる化石。コロンとした形状がかわいらしい

ドルフィンスイム＆南島ツアー

| 催行会社 | →P.83 | 集合場所 | 各催行会社に要確認 | 時間の目安 | 半日ツアー／8:30〜12:00（おがさわら丸出港日）、13:30〜16:00（おがさわら丸入港日）　1日ツアー／9:00〜16:00 |
| 休 | 荒天時 | 料金の目安 | 半日9000円、1日1万4000円（ドルフィンスイム、南島上陸、海域公園のシュノーケリング含む） | 予約 | 必要 | その他 | おがさわら丸入出港日以外の停泊日は1日ツアーのみの催行が多い。スノーケリングセットなどのレンタルに関しては催行会社に確認を。イルカの出没状況や海況により、スケジュールは大きく変わる。

voice 石灰質の砂地が広がる南島周辺は、美しい白砂の海底を眺めながら地形や魚影を楽しめるダイビングスポットとして人気。ミナミハンドウイルカが現れる確率も高く、ドルフィンスイムも頻繁に行われている。

遊び方

父島 ▶ ドルフィンスイム＆南島ツアー

スケジュール

所要時間	歩行距離	体力レベル
約7時間	約1.0km	

9:00 穏やかな海でスノーケリングの練習

ツアー会社や乗客のレベルにもよるが、出港したらまずは穏やかな浅瀬で準備運動代わりにスノーケリングの練習をすることが多い。

軽く肩慣らし♪

浅瀬でスノーケリングの練習をしよう！

9:30 イルカの群れが登場！

港を出てすぐにイルカに遭遇することも。大きな群れはハシナガイルカが多い。ハシナガイルカはあまり人とは泳がない種類のイルカだ。

ハシナガイルカはウオッチング中心。海面をよく観察しよう

船で10分

10:00 南島に上陸♪

南島に接岸したら素早く上陸。高台から見下ろす扇池はまさに絶景。反対側にはハートロックも見える。その後、ビーチまで下りてしばし散策。

扇池の周りはウミガメが産卵するビーチでもあり、ふ化した赤ちゃんを見ることもある

鮫池と呼ばれる入江から接岸。散策路を歩きビーチへ

船で15分

11:30 イルカを探しながらクルーズ

再びイルカを探しながらクルーズ。一緒に泳げるのはミナミハンドウイルカ。船の上からみんなで探せば、見つけたときの感動もひとしお。

いつでも行けるように準備♪

ドルフィンスイムは船長の合図をよく聞くこと

船で30分

12:00 兄島海域公園でランチ＆スノーケリング

兄島海域公園の湾内に停泊し、船上でランチタイム。食事のあとは魚影の濃い海域公園でスノーケリングを。

兄島海域公園は魚が多く、スノーケリングが楽しい

船で30分

14:00 フレンドリーなイルカと一緒にスイム♪

イルカを発見したらスノーケリングセットを身に着け、スタッフの合図で静かに海へ。イルカを無理に追いかけないこと。

また会いにきてね♪

興味をもつと近づいてくる。イルカは追わないで

もっと知りたい！ 南島の自然を守るためのルール

南島に上陸するには、東京都から認定を受けた自然ガイドの同行が必須。また、貴重な動植物を保護するために、下記の規則が設けられている。

☑ **何も持ち込まず、何も持ち帰らない**
動植物はもちろん、石やサンゴ片など自然に存在するものはそのままの状態にする。

☑ **決められたルートを歩く**
ルートには足場となる石が埋め込んであるので、その上を歩いて植物を踏まないように。

☑ **動物に餌を与えたり驚かせてはいけない**
オナガミズナギドリのひななどが生息する南島。餌は与えず、驚かせたり追い立てたりしないように。

☑ **上陸の際に靴やサンダルの裏を海水で洗う**
南島にすむカタツムリなど陸産貝類を天敵のプラナリアから守るために、乗船前や上陸前に履物を海水で洗う。

父島にすむプラナリアやその卵を上陸前に洗い落とす

voice 南島へ上陸する方法は、ここに紹介した小型ボートで鮫池にアクセスする以外にも、シーカヤックで扇池を目指したり、近くにボートを停めて泳いで渡ったりする方法があり、催行会社によって異なる。

ツアーで行く！

海の王者が魅せる
迫力のスペクタクルショー

ホエールウオッチング

冬の小笠原観光に欠かせないのが、海面から巨体をせり出すザトウクジラ。体長10m以上のクジラが繰り広げる優雅なダンスには風格さえ漂う。

小笠原諸島の近海は
クジラの子育てフィールド

　小笠原諸島の周辺は、これまでに20種類以上のクジラ類が確認されている世界でも貴重な海域。北太平洋のロシアやアリューシャン列島などから暖かい海を目指して回遊してくるザトウクジラは、12月から5月上旬にかけて小笠原近海に姿を現し、温暖なこの海で交尾や出産、子育てを行う。小笠原諸島周辺の海は、いわばザトウクジラの生まれ故郷というわけだ。ウオッチングツアーのベストシーズンはクジラの数がピークとなる2月から3月で、この時期はかなりの高確率でザトウクジラの雄姿を拝むことができる。豪快な潮吹きやジャンプをはじめ、生まれたばかりのクジラを守るように泳ぐ母クジラや、メスのクジラをめぐって競い合うオスのクジラなどのネイチャーシーンは感動モノ。船上から水中へマイクを入れると、ソングと呼ばれる歌声のように太く響き渡る鳴き声を聞くこともできる。運がよければ、船の間近まで寄ってきて、愛らしい目をこちらに向けてくれることもある。

もっと知りたい！

クジラは今
何時にいる？

　船の上では方向を、クロックシステムと呼ばれる時計に見立てた方法で示す。船首は0時または12時となり、右は3時、左は9時、船尾は6時となる。「11時にクジラ！」と言われたら、船首のやや左側にクジラが現れたということ。すぐにわかるようにしておこう。

大迫力のブリーチングは一瞬のできごと。チャンスを見逃さないように

船上のウオッチング客を見つめるザトウクジラ。皮膚にはフジツボがびっしり付いている

ホエールウオッチングツアー
催行会社 → P.83　**集合場所** 各催行会社に要確認　**時間の目安** 半日ツアー／8:30〜12:00（おがさわら丸出港日）、13:30〜16:00（おがさわら丸入港日）1日ツアー／9:00〜16:00　**休** 荒天時、おがさわら丸出港中　**料金の目安** 半日9000円、1日1万4000円（ドルフィンスイム、南島上陸、海域公園のスノーケリング含む）　**予約** 必要　**その他** 12〜5月はおもにザトウクジラ、ほかの時期はマッコウクジラを観察。おがさわら丸入出港日以外の停泊日は1日ツアーのみの催行が多い。スノーケリングセットなどのレンタルに関しては催行会社に確認を。

voice 海上は風が吹くこともあるので、暖かい日でもウインドブレーカーや帽子などの防寒アイテムは必携。また、外洋では波で揺られることも多いので、酔い止めの準備を忘れずに。船から身を乗り出すと落水の危険があるので注意を。

遊び方

父島 ▶ ホエールウオッチング

スケジュール
所要時間 約3時間30分 / 体力レベル

鮮やかなテールスラップ

8:45 準備を整えてボートに乗船

ボートに乗ったら、ボートの使い方やウオッチング中の注意点についてブリーフィングを受ける。不安なことはここで確認しておくこと。

船酔いしやすい人は事前にボートスタッフへ報告しておこう

9:30 岩壁を眺めながらクルージング

父島の沿岸には火山活動によってできた雄々しい岩が点在している。溶岩が急激に水で冷やされてできた枕状溶岩など貴重な地形も。

ボニンブルーの海に沿って続く荒々しい地形が印象的

10:00 イルカたちがお出迎え！
移動中にイルカが登場することも。船と一緒に泳ぐイルカは躍動感にあふれる。時間が許せばドルフィンスイムも楽しめる。

ミナミハンドウイルカやハシナガイルカに会えるかも

10:30 出た〜！ クジラの親子
クジラのブロウ（潮吹き）を探してゆっくり近づく。大人のクジラは20分以上潜水できるが、子クジラは5分ほどで浮上してくる。

ヒレを持ち上げてのんびりユラユラ〜

こんなに近くまで!!
クジラにストレスを与えないために船から無理に接近することはできないが、機嫌がよければクジラから船に近寄ってくれることも

クジラの歌が聞こえる♪
水中マイクからクジラの鳴き声を聞いていると、目の前のクジラたちが歌声にのってダンスをしているように見える

リラックスしているクジラは、胸ビレを海面にたたきつけるペックスラップや、体を胸のあたりまで海上に持ち上げるブリーチングを見せてくれる

11:30 島陰でコーヒーブレイク
しばらくウオッチングを楽しんだら、波が穏やかな島陰に船を停めて休憩タイム。飲み物やお菓子を口にしながらリラックス。

初めて会ったゲスト同士でも、クジラの話で盛り上がる！

もっと知りたい！
もっと見たい！小笠原諸島のクジラたち

小笠原諸島の周辺にはマッコウクジラが通年生息しており、初夏から秋にかけてウオッチングツアーが開催されている。また、ミナミハンドウイルカとハシナガイルカは通年観察でき、外洋ではマダライルカやコビレゴンドウなどに出会うこともある。

クジラごとにブロウの位置やヒレの形状が違うため、船上からでも種類を区別することができる

12:00 帰りもたっぷりクジラを観察
帰りもクジラを探しながら港へ向かう。この頃になると自分でもクジラのブロウがわかるはず。スタッフと一緒に探してみよう。

9時の方向にクジラを発見。シャッターチャンスを逃さないように！

voice 陸上からもホエールウオッチングを楽しめるのが小笠原のすごいところ。父島ならウェザーステーション展望台、母島なら御幸之浜展望台や鮫ヶ崎展望台がベストスポット。肉眼でも観察できるが、7〜8倍程度の双眼鏡を使用するとよく見える。

＼ 海のアイドルと一緒に遊ぶ！／
小笠原のイルカと ウオッチングのルール

小笠原では、ボートで海を走っているとイルカの群れに囲まれることがよくある。ボートの上からイルカをウオッチングできるほか、一緒に泳ぐこともできる。

1年中、迎えてくれる愛くるしい"海の使者"

小笠原ではミナミハンドウイルカやハシナガイルカ、マダライルカなどが見られるが、好奇心旺盛なミナミハンドウイルカは一緒に泳ぐことでも知られている。もちろん相手の気分次第ではあるが、透明度の高い海でイルカと泳ぐという体験は、一生忘れられない思い出になる。小笠原ホエールウォッチング協会では、ミナミハンドウイルカに加えハシナガイルカの個体識別を進め、イルカの保全と観光利用に役立てている。

ドルフィンスイムの自主ルール

● 船の大小を問わず、ひとつの群れにアプローチできる船は4隻まで（ウオッチングのみの場合も含む）。
● ひとつの群れに対する水中へのエントリー回数を1隻につき5回以下とする。※ただし、必ずしも5回OKというものではなく、そのときのイルカの状況や他船への配慮も必要。

問 小笠原村観光協会 ☎ (04998)2-2587
URL www.ogasawamura.com

人間にも興味津々♪

クチバシ 丸みを帯びてやや短い。

背ビレ 先端はやや丸みを帯びているが個体差がある。傷跡などで個体識別する。

体色 明灰色で、背側がやや濃く腹側が白い。成長すると体側から腹部にかけて斑点が現れる。

ミナミハンドウイルカ
Indo-Pacific Bottlenose Dolphin

▶ 体長：2.5 m
▶ ウオッチング＆スイムのシーズン：1年中。スイムは海況が安定する夏がベスト。

沿岸部で見られる。人懐っこく一緒に泳げることも。小笠原では聟島から母島列島にかけての島の沿岸部に定住している。丸みを帯びたくちばしが特徴。30頭を超す群れを作ることもある。

クチバシ 細く、長いのが特徴。

アクロバティック No.1

背ビレ 垂直にとがった三角形。

体色 小笠原近海で見られるものは背面が灰黒色、側面は灰色、腹面は白色の3色に分かれている。

ハシナガイルカ
Spinner Dolphin

▶ 体長：2 m
▶ ウオッチングのシーズン：1年中

ミナミハンドウイルカよりもやや灰色が濃く、細身で小ぶり。一緒に泳ぐのは難しいが、船の舳先にできる波に乗り、ときにアクロバティックなきりもみジャンプでボート上の観客を楽しませてくれる。

小笠原で確認されているその他のイルカ

マダライルカ、ハンドウイルカ、サラワクイルカ、シワハイルカ、スジイルカ、マイルカ

※クジラ類のなかで一般に体長4m以下のものをイルカと呼ぶ

voice スノーケリングテクニックをみがいておくと、ドルフィンスイムがグッとおもしろくなる。スノーケリングツアーに参加すれば基本的な技術は教えてもらえるので、穏やかなビーチなどで練習しておくといい。

遊び方

父島 ▶ 小笠原のイルカとウオッチングのルール／エコツアーとしてのホエールウオッチング

巨大なクジラの優美なしぐさ☆

クジラにとっても人間にとっても優しいホエールウオッチングを

上／小笠原のザトウクジラのベストシーズンは2〜3月。かなりの高確率でクジラを観察できる
下／度が過ぎたウオッチングやスイムはクジラやイルカたちの生活を脅かすだけでなく、人間にも危険

小笠原ホエールウォッチング協会に聞く
エコツアーとしてのホエールウオッチング

小笠原では、1988年のホエールウオッチング開始当初から、クジラの観察のための自主ルールが導入されている。国内のエコツーリズムのはしりとなった活動についてのお話を聞いた。

世界のクジラ類のうち4分の1種の目撃記録が！

小笠原はホエールウオッチングに恵まれたフィールドだと説明する、小笠原ホエールウォッチング協会（OWA）の辻井浩希さん。小笠原周辺では25種のクジラ類の目撃記録があり、これは世界に生息するクジラ類の4分の1に当たる。

12〜5月のザトウクジラ、通年見られるマッコウクジラやミナミハンドウイルカなど、1年を通してなんらかのクジラ類に出会えるのが小笠原の魅力だという。

小笠原にはクジラ類に負担をかけず安全に観察するための自主ルールが存在する。これは日本初のホエールウオッチングのルールであり、エコツーリズムの先駆けとして高く評価されている。

小笠原の発展にも貢献する活動を

小笠原の自主ルールは関係者みんなで話し合いまとめたもの。そのため参加者の意識が高く、ルールもよく守られているそう。

小笠原にとってクジラは貴重な観光資源。生息環境を守り自然の行動を妨げないルールを作ることは、持続的にホエールウオッチングを楽しむためであり、小笠原のためでもある。

クジラはとても魅力的な生き物だが、野生動物であることに変わりはない。クジラにとって優しいホエールウオッチングは、人間にとっても安全なホエールウオッチングだとOWAでは考えている。

クジラと人との付き合いには、適度な距離感が必要。将来も今と同じように海を楽しめるように、意識していきたい。

野生生物と上手なお付き合いを！

1月下旬〜4月上旬のおがさわら丸入港日夕方、ウェザーステーションでクジラの陸上観察会を開催。事前申込不要、現地集合・解散（無料）

 Profile

小笠原ホエールウォッチング協会
研究員　辻井浩希さん

大阪出身。北海道大学で水産学や環境科学を学び、大学院卒業後、OWAの研究員に。大学時代から、海洋センターのボランティアやザトウクジラの研究で小笠原を訪れていた。小笠原周辺のイルカやクジラの調査、観光客や島民に向けてのレクチャーなどを行う。

61

\ 豊かな海で見られる2種類のクジラ /
小笠原のクジラとウオッチングのポイント

紺碧の海を悠然と泳ぐクジラをひと目見ようと、シーズン中は多くの観光客が集まる。かつて捕鯨基地として栄えた小笠原は、世界有数のホエールウオッチングの地へと変貌している。

東京の海で出会える豪快な海の王者たち

世界有数のホエールウオッチングの地として知られる小笠原諸島。1989年、国内ではいち早くウオッチングの自主ルールを制定するなど、クジラに関するエコツーリズムの先駆けとして高い評価を得ている。おもに冬はザトウクジラ、夏はマッコウクジラがウオッチングの対象となる。特に12〜5月に回遊してくるザトウクジラは、小笠原の冬の風物詩として愛され、この時期を狙って訪れるリピーターも多い。

ザトウクジラ Humpback Whale
- 体長：13〜15 m
- ウオッチングのシーズン：冬から春。2〜3月がベストシーズン

夏は北太平洋のベーリング海などで過ごし、冬から春（12〜5月）にかけて繁殖、出産、子育てのために小笠原周辺の暖かい海に回遊してくる。歌うクジラとも呼ばれ、オスがアピールのために水中で美しい鳴音を奏でることで知られている。

頭部　フラットな形状の頭部に、不規則なこぶ状の隆起があるのが特徴。

潮吹きは約3m！

背ビレ　低い隆起状の背ビレをもつ。

ヒゲ　歯はなく櫛状のヒゲ板をもつ。これで餌のオキアミやプランクトンを海水から濾し取る。

胸ビレ　体長の3分の1にも達する翼のような長い胸ビレが特徴。

腹　黒いものが多い。数十本の筋（うね）がある。

体色　背面は黒いことが多い。

尾ビレ　背面は黒色だが裏面は個体によって異なり、その模様から個体の識別がなされる。

歯　歯は下顎にだけあり、餌を取るためというよりは、オス同士の争いに使うといわれている。

頭部　大きく四角い頭部が特徴的。その大きさは体長の4分の1から3分の1にもなる。

背ビレ　低いこぶ状になっているか、三角形をしている。

1000mも潜れます

体色　全体に黒褐色から濃灰色。頭より後方にしわがあることが多い。

マッコウクジラ Sperm Whale
- 体長：オス15〜18m、メス11〜13m
- ウオッチングのシーズン：1年中。9〜11月がベストシーズン

外洋性のクジラで、世界でもウオッチングの対象になっているところは少ない。小笠原ではおもにメスと幼鯨が見られる。1000mを超える深海で捕食活動を行うことで知られ、ダイオウイカを捕食するクジラとしても有名。

胸ビレ　幅広くヘラ状で、体の大きさに比べて随分小さい。

腹　へその周辺に白斑、あるいは灰色の斑紋がある。

尾ビレ　逆三角形で幅が広く、イチョウの葉のような形をしている。縁の傷から個体識別できる。

---

voice　父島にはいたるところにザトウクジラのオブジェや絵、イラストなどがある。デザイン性が高いものも多いので「クジラを探す」というテーマで町を歩くのも楽しい。

知っておくとウオッチングの楽しみが倍増！
ザトウクジラの行動とその意味

悠然と泳ぐザトウクジラだが、ときに水面でダイナミックな行動をとる。これらの行動にはそれぞれ意味があり、それを読み解くのもウオッチングの楽しみのひとつ。

遊び方

小笠原のクジラとウオッチングのポイント／ザトウクジラの行動とその意味

ホエールウオッチングの自主ルール

20トン未満の小型船の場合
- 船はクジラから300m以内に近づいたら減速する。
- ザトウクジラは100m、マッコウクジラは50m以内には船のほうから近づかない。

※適用クジラ類：ザトウクジラなどのヒゲクジラ亜目全種とマッコウクジラ
※適用海域：小笠原諸島の沿岸20マイル以内

問 小笠原ホエールウオッチング協会 ☎(04998)2-3215
MAP 折り込み① A2（B-しっぷ内）　URL www.owa1989.com

ブロウ Blow
クジラを発見する際の目安となる「潮吹き」。霧状の水しぶきをあげて呼吸をする。数回ブロウを繰り返して潜水し、15〜20分後に再び浮上する。

スパイホップ Spy hop
水面から目が出るあたりまで垂直に体を持ち上げ顔を出す。周囲の様子をうかがっているとされる行為。

フリッパースラップ／ペックスラップ Flipper slap / Pec slap
胸ビレを水面に打ちつける行為。比較的よく見られる。

ヘッドスラップ Head slap
体の3分の1を水面上に持ち上げ、そのまま水面に体をたたきつける。ほかのオスへの威嚇行動といわれている。

テールスラップ Tail slap
尾ビレを持ち上げ、真っすぐに振り下ろして水面を打つ。水しぶきが上がり迫力はあるが、威嚇するときの行動。

小笠原で確認されているその他のクジラ
セミクジラ、シロナガスクジラ、ナガスクジラ、イワシクジラ、ニタリクジラ、コマッコウ、アカボウクジラ、シャチ、オキゴンドウ、コビレゴンドウ、ユメゴンドウ、カズハゴンドウ、ハナゴンドウ、コブハクジラ、タイヘイヨウアカボウモドキ

フルークアップダイブ Fluke up dive
尾ビレを持ち上げ、潜水を開始する際の行動。尾ビレの裏側の模様を見せない場合は、フルークダウンダイブという。

ブリーチ Breach
空中高くジャンプし、回転しながら背中から水面に落ちるダイナミックな行為。その理由は明確ではないが、体に付いた寄生虫を落とすためともいわれる。

 陸からのホエールウオッチングは7〜8倍くらいの双眼鏡があると便利。小笠原ホエールウォッチング協会（B-しっぷ内）でも、1日300円でレンタルできる。

63

海から見る小笠原の景色は最高ですよ！

© Hiroshi Sato

ツアーで行く！

自然との一体感がたまらない
エコスポーツ

シーカヤック体験コース

広い空の下、真っ青な海を滑るように進むシーカヤック。エンジンを使わないので、自然を身近に感じられるのが魅力だ。

自然体験ガイド ソルマル
須田泰臣さん

小笠原の海に浮かぶ、それだけでワクワク！

小笠原の大自然を全身で感じたい、そんな人にはシーカヤックがおすすめ。ビギナー向けの体験半日コースは、パドルの漕ぎ方や安全対策など、ていねいなレクチャーからスタート。穏やかな湾を出発し、小笠原ならではの変化に富んだ海岸線や美しい砂浜などを眺めながら進む。ガイドさんが固有生物や貴重な地形といった、島の自然についての話をしてくれるのがうれしい。最初はパドルさばきに苦労するかもしれないが、コツさえつかめばすぐに真っすぐ進めるようになるはず。1時間もすれば行きたい方向に自由に動いたり、方向転換したりできるようになる。小さな入江に上陸してひと休みしたら、透明度抜群の海でスノーケリングを楽しもう。経験や体力に応じて、初心者向けの体験半日と1日コース、経験者向けの南島やジョンビーチ、ジニービーチに行く無人島アドベンチャーコースがある。

パドルを使っての準備体操がシーカヤックスタイル。全身の筋肉を使うのでしっかり筋を伸ばして、けがのないように！

もっと知りたい！

紫外線の強さは想像以上！日焼け対策は万全に

シーカヤックは日陰のない海上を移動するので、空から降り注ぐ紫外線対策が必須。また海からの照り返しにも注意したい。うっかりしていると、あっという間に肌が真っ赤に！ 肌を保護するのはもちろん、目や頭を守るためのサングラス、帽子も忘れずに持っていきたい。スノーケリングをする場合は、ラッシュガードがあると便利。

日焼け止めのほか、長袖を着るなどして肌を守る。帽子はツバの広いものを用意して

自然体験ガイド ソルマル **MAP** 折り込み② B1（扇浦海岸） 🚗 宿発着（送迎あり）
📞 (04998)2-3773 ⏰ 半日コース 8:30 〜 12:00 ／ 13:30 〜 16:00、1日コース 9:00 〜 16:00 休 不定休 料 半日コース 9000円〜 予約 必要
URL ogasawara-solmar.com ※その他の催行会社→ P.83

voice シーカヤックはレインウエアやウインドブレーカーなど羽織るものを用意しておくと安心。足元はマリンシューズがベター。1ℓ程度の飲み水を持っていくこと。1日コースの場合は弁当も各自で用意する。

父島 ▶ シーカヤック体験コース

遊び方

スケジュール
所要時間 約3時間30分　体力レベル ★★☆

9:00　必要な装具を付けてみよう

出発地の扇浦に着いたら、ツアーの申込書に記入。ツアー中の注意点を確認して、ライフジャケットなどの装具を着用する。

水着の上にTシャツや短パンなどを着てぬれてもいい格好で!

9:15　まずは陸上でレクチャーを

シーカヤックの漕ぎ方、パドルの使い方などのレクチャーをしっかり受けるので初心者でも安心。準備体操も入念にしておこう。

不安がある場合はここでガイドさんに相談、解消しておきたい

カヤックで30分

10:00　穏やかな湾からいよいよ海へ

地図でコースの確認をしたあと、シーカヤックに乗り込み海上へ。カヤックの扱いに慣れたところで目的地へ向けて出発。

ガイドさんのサポートで海へ漕ぎ出す。ドキドキの瞬間

10:30　水面を滑るように進む快感!

船よりも小回りが効き自由に動けるシーカヤック。地上からは見えない島の地形や海の生物を間近に観察できるのが魅力。

© Hiroshi Sato

海に溶け込む♪

大海原にぽっかり浮かぶ。ただそれだけなのに気持ちがいい!

ガイドさんによる、島の自然や生態系などの話も楽しみ

島沿いにシーカヤックを走らせ、間近に見上げる巨岩の大迫力

自然の造形に圧倒される!

カヤックで30分

11:00　無人のビーチでティータイム

出発から1時間弱で目的のビーチへ到着。飲み物でホッとひと息ついて楽しく雑談。ビーチの散策やスノーケリングもできる。

スノーケリングセットはレンタル可。足のサイズを伝えて

カヤックで30分

12:00　半日コースはここまで

カヤックの扱いに慣れてきた帰りは、行きとは違った発見が。扇浦まで戻ったらカヤックを陸に上げて、お疲れさまでした!

初心者は上半身に力が入るので、終了後のストレッチも忘れずに

もっと知りたい!
南島にも上陸できる!? 無人島アドベンチャー

シーカヤックやリバーカヤックの経験がある中級者以上なら、南島をはじめ父島周辺の無人島やビーチ、洞窟などを巡る無人島アドベンチャーコースに参加できる。1日コースなので9:00頃に宿を出発して、戻ってくるのは16:00頃。小笠原の雄大な自然を満喫できる。

海況によっては南島に上陸できないこともあるので注意。天候やレベルなどを見てガイドが決めるので従おう

初シーカヤックは快晴に恵まれ、最高の体験になりました。聞こえるのは自分たちのパドルの音のほか、波と鳥の声くらい。暑かったので帰りは少しバテましたが、また参加したいです。（東京都　高石さん）

お手軽感がスノーケリングの魅力♪

スノーケリングを安全に楽しむ10ヵ条
一、緊急時の連絡方法を確認しておこう。
二、危険なものもいるので生物には触らない。
三、25mくらいは泳げるようになっておこう。
四、必ずふたり以上で行動するように。
五、潮の流れや海中の地形について聞いておく。
六、スノーケリングギアの手入れを忘れずに。
七、道具の使い方やテクニックを忘れずに。
八、体調が悪いときは無理をしないで。
九、海の中でも日焼け対策を忘れずに。
十、サンゴに触ったり蹴ったりしないよう注意。

個人で行く！
色とりどりの魚たちが泳ぐサンゴの楽園

父島スノーケリングガイド

マスクとスノーケル、フィンさえあれば誰でも楽しめるスノーケリング。サンゴが発達したポイントにはカラフルな魚が多く、海もにぎやか！

透明度抜群の海で小魚たちが舞い踊る

　父島にはスノーケリングの好スポットがいくつもあり、その多くがビーチエントリー。レンタバイクやバスで気軽に行けるビーチもあるので、誰もが透明度抜群の海を楽しめる。シンプルな装備で簡単に遊べるのがスノーケリングの魅力。ただし岸からは穏やかに見える海も、中に入ると流れが速いことがあるので慎重に！　必ずふたり以上で行動すること。初めての人は一度、スノーケリングツアーに参加しておくと安心だ（催行会社→P.83）。

真っ白な砂地のポイントは、魚は少ないけれど太陽光が反射してとっても明るい

これさえあれば楽しめる　スノーケリンググッズ

スノーケル
水面に顔をつけた状態で筒が上を向くようになっており、浮かびながら楽に呼吸ができる。

マスク
海の中でクリアな視界を保つ。一眼と二眼タイプがある。使う前に曇り止めをしておこう。

ウエットスーツ
体の保温と保護のために着ておきたい。小笠原では3～5mmの厚さが一般的。若干の浮力もある。

ラッシュガード
撥水加工された体にぴったりしたシャツ。体の保温や保護、紫外線対策にも有効。

グローブ
手の保護に着けておくと安心。グローブを着けていてもサンゴや生物には触らないように。

ライフジャケット
泳ぎに自信がない人は、ライフジャケットで浮力を確保しておこう。楽に浮かんでいられる。

フィン
効率的な推進力を得るための器材。素材や硬さに違いがあるので脚力に合ったものを。

ブーツ、マリンシューズ
岩場ではブーツを履いておくと安心。フィンもブーツの上から装着できるストラップタイプを選んでおくといい。

ほかにもあると便利なもの
□髪を結ぶゴム　　□飲料水
□日焼け止め　　　□ギョサン
□帽子　　　　　　□防水機能付き小物入れ
□タオル　　　　　□島内マップ
□カメラ（防水機能付き）　□ガイドブック

voice ビジターセンターなどで手に入る『海辺であそぼう！』というA4三つ折りのパンフレットは、ビーチでスノーケリングを楽しみたい人は要チェック。父島の8つの海岸の水中地形や見られる生物、潮流などの注意点、トイレやシャワーの有無などが記載されている。

父島スノーケリングマップ

👤 トイレ　🚿 シャワー　🏠 休憩所　🅿 駐車場

大村海岸（前浜） Omura Kaigan/Maehama
気軽さ No.1！

アクセスがよく施設も充実しているので、のんびり過ごすのにぴったり。砂地なのでそれほど生物は多くなく、海水浴に向いている。🚍 B-しっぷから徒歩2分
👤 🚿 🏠 🅿

扇浦海岸 Ougiura Kaigan
遠浅の砂浜で泳ぎやすいのが魅力。天狗の鼻、要岩、扇浦崎を結んだ湾内はサンゴがきれいで魚も多い。施設も充実している。🚍 B-しっぷから車で12分。または ℹ 扇浦海岸からすぐ
👤 🚿 🏠 🅿

コペペ海岸 Kopepe Kaigan
岸からすぐにサンゴが点在しており、特に海に向かって左側に広がるテーブルサンゴの群生は見事。左手に行くと小港海岸に続く。🚍 B-しっぷから車で14分。または ℹ 扇浦海岸から徒歩25分
👤 🏠 🅿

ジョンビーチ John Beach
見事な珊瑚礁が広がり、イスズミやアオブダイが見られる。沖は流れが速く船も通るので、海岸沿いで泳ぐこと。飲み水は必携。🚍 B-しっぷから車で16分+徒歩2時間30分。または ℹ 小港海岸から徒歩2時間30分

ジニービーチ Jinny Beach
魚はあまり多くないが、真っ白な砂浜とエメラルドのように輝く海のコントラストが美しい。沖に出ると流れが速いので注意。⛴ 二見港とびうお桟橋から船で15分
🅿

宮之浜 Miyanohama
兄島に面したビーチで、小さい海岸の左右にサンゴが発達している。海域公園に面しているだけあって、さまざまな魚が見られる。🚍 B-しっぷから車で5分または徒歩20分。または ℹ 宮之浜入口から徒歩10分
👤 🅿

製氷海岸 Seihyo Kaigan
小笠原海洋センター前に広がるビーチ。スギノキミドリイシという枝状のサンゴが群生し、スズメダイやチョウチョウオが群れる。🚍 B-しっぷから車で5分または徒歩40分

初寝浦海岸 Hatsuneura Kaigan
アオウミガメの産卵地でもあるナチュラルなビーチ。海岸の左右にサンゴが発達し、ウメイロモドキの群れや回遊魚が見られることも。🚍 B-しっぷから車で20分+徒歩40分（帰りは70分）
🅿

境浦海岸 Sakaiura Kaigan
湾内には座礁した濱江丸が沈み、11〜5月にはアオリイカが見られる。海岸の左右に珊瑚礁が広がり、色とりどりの魚が泳ぐ。🚍 B-しっぷから車で6分+徒歩3分。または ℹ 境浦海岸から徒歩3分
👤 🅿

釣浜 Tsurihama
海岸線は大きな石で埋め尽くされ、見事なサンゴが点在している。カラフルな小魚はもちろん、カンパチなどの大物が見られることも。上級者向き。🚍 B-しっぷから車で5分+徒歩6分。または ℹ 清瀬から徒歩25分

手つかずのサンゴが！

ブタ海岸 Buta Kaigan
岬に守られた小さな湾で、海底には珊瑚礁が広がる。2本のチャネル（水路）が通り、周辺では小魚のほかエイやサメも見られる。🚍 B-しっぷから車で17分+徒歩40分。または ℹ 小港海岸から徒歩40分

海からのアクセスのみ！

小港海岸 Kominato Kaigan
真っ白な砂地が続く遠浅のビーチ。魚はそれほど多くないが、海に向かって右側の岩場いにサンゴが点在し、周辺では生物も見られる。🚍 B-しっぷから車で16分+徒歩8分。または ℹ 小港海岸から徒歩2分
👤 🅿

父島▶父島スノーケリングガイド

ちょっと気になる Q&A

Q. 近眼なのですがコンタクトレンズをしたままでOK？
A. できれば近視用のマスクを用意して、コンタクトレンズは外したほうが安全。つけたまま泳ぐ場合は、流れてもいいように使い捨てにしたい。

Q. ポイントまではどうやって行くのが一般的？
A. 徒歩で行けるビーチ以外は、バスかレンタバイクが一般的。宿の人が送ってくれることも。ジョンビーチや初寝浦海岸はかなり歩く必要がある。

Q. スノーケリングの道具はレンタルできる？
A. 自分に合った器材を買ってもいいが、アクティビティ会社で貸してくれることが多い。またレンタル器材を用意している宿もある。

Q. もしものときの連絡先は何番？
A. 救急・遭難は☎119、海難事故は☎118に電話。けがの場合は☎(04998)2-3800（小笠原村診療所）へ。不測の事態に備えてふたり以上で行動しよう。

ワンランク上を目指すなら
ジャックナイフをマスター！

❶ 海面では力を抜いてリラックス
ジャックナイフはスムーズに潜るための基本テクニック。まずは海面に浮かんで呼吸を整える。力を抜いて体を伸ばした状態に。

❷ 腰をグイッと"くの字"に曲げて
フィンを動かさず、腰を直角に曲げる。ここで余計な力を入れると次の動作に移れないので、あくまで全身の力は抜いたまま。

❸ 頭を下にして体を真っすぐに
"くの字"になった反動を利用して、今度は体を真っすぐに伸ばす。フィンを動かさず待っていると、重さでストンと沈んでいく。

❹ 完全に沈んだらフィンを動かす！
水面下にフィンの先まで沈んだら、大きくフィンキックをして海の中へ。ポイントは力まないこと！ 早めの耳抜きを忘れずに。

 ジョンビーチや初寝浦海岸などアクセスに時間がかかるビーチは、海で遊ぶ際に帰りの体力を温存しておくこと。全力で遊んでしまうと、帰りの上り坂がかなりきつくなるので注意。

クリアブルーに感激♪

移動中にクジラが!?

ツアーで行く!

透明度抜群! 紺碧の海で魚群やイルカに出会う

スクーバダイビング

ボニンブルーと呼ばれる紺碧の海で、ダイナミックな海中景観を楽しもう。

季節や海況によってベストなポイントへ!

小笠原ダイビングセンター
森田康平さん

生物も地形も多様なダイビングの聖地

藍色の絵の具を溶かしたような深く濃い海が広がる小笠原。見られる魚の種類は多く、中層をクマザサハナムロやウメイロモドキの大群が通り過ぎたと思ったら、群れに向かってヒレナガカンパチやロウニンアジなどの大型魚がアタック。突然、ミナミハンドウイルカやアオウミガメが現れてダイバーの周囲を旋回なんていうことも。

水中も陸上と同様に火山活動による断崖絶壁が続く地形。大物ポイントをはじめ、白砂、沈船、サンゴなどさまざまな海中景観に出合える。流れにのって移動するドリフトダイブが基本になるので、ロープを使わずに潜降や安全停止を行えるようにしておこう。

シーズンごとのウエットスーツの目安は?

もっと知りたい!

小笠原のダイビングポイントは外洋に面し流れのある場所が多い。真夏でも冷たい潮の影響で水温が下がることがあるので注意。ウエットスーツの目安としては6〜10月が5mmのワンピース、11〜5月は5mmのフルスーツ+フードまたは5mmのワンピース+フードベスト。またボート移動が長いので、上に羽織るウインドブレーカーなどを用意しておくとよい。

外洋に出るので酔い止めがあると安心

水深の浅いポイントにはサンゴが広がり、色とりどりの魚も見られる

小笠原ダイビングセンター
MAP 折り込み①B1 **交** 二見港発着(送迎あり) **電** (04998)2-2021 **時** 8:15〜 **休** 荒天時 **料** 父島周辺2ボートダイブ1万4850円ほか(燃料調整費別途1000円) **予約** 必要
URL ogasawara-dc.com
※その他の催行会社→P.83

スケジュール

所要時間 約6時間30分　体力レベル

8:30 大型クルーザーで魅惑のポイントへ

船で30分

二見港からは、ダイビング専用の大型クルーザーでポイントへ。揺れは少なく、トイレも備わっている。

忘れものに注意!

9:00 ボートの後ろからエントリー!

水中で30分

エントリー&エグジット用のタラップは船尾側にあることが多い。基本はジャイアントストライドエントリー。

スタッフの合図でGO

9:30 サンゴから沈船まで海中世界を満喫

船で10分

1本目は見事なリュウモンサンゴの群生を見てから「三畳一間」の沈船まで泳ぐコース。船の周りも魚が。

サンゴの森でヒーリング

10:30 クルーザーの上でのんびり休憩

船上で60分

穏やかな入江に船を停めて水面休息。広々としたデッキで体を休めよう。しっかり水分を補給しておくこと。

ランチ&軽食タイム

12:00 2本目は迫力の魚群と地形を堪能

「人丸島アーチ」は人気のピグミーシーホースが見られるポイント。アーチ周辺には根魚が群れる。

鮮やかなロクセンフエダイ

voice 透明度が極めて高い小笠原周辺の海。その理由は、海水に含まれるリンと窒素が少なく、植物プランクトンがほとんど発生しないから。さらに、島には大きな河川がなく断崖に囲まれているため、海に流れ出る土砂が少なく、島の周囲でも抜群の透明度を楽しめる。

父島 ▶ スクーバダイビング／SUP、体験ダイビング、フィッシング

ツアーで行く！ ボニンブルーの海をボードで散歩
SUP (スタンドアップパドルボード)

SUPは近年人気が上昇しているマリンアクティビティ。安定感のあるボードの上に立ってパドルを漕いで水面を進む。初心者でも簡単に乗れるので、小さな子供から楽しめる。

島民にもサップは大人気！

絶景を望みながら水面散歩♪

左／刻々と変化する風景を楽しむサンライズツアー、サンセットツアー7000円も人気
右／体験コースは基本的に小港海岸で開催。体幹とバランス感覚が鍛えられる！

O.O.C.C サップツアーズ MAP 折り込み② B1（扇浦海岸） 所要 2〜6時間 交 宿発着（送迎あり） 電 080-1237-3369 時 半日コース 9:00〜12:00、13:00〜16:00　1日コース 9:00〜15:00 休 荒天時 料 半日コース 9000円、1日コース1万6000円 予約 必要 カード 不可 URL www.oocc.jp　※その他の催行会社→ P.83

ツアーで行く！ 色彩豊かな海中世界をのぞいてみたい！
体験ダイビング

ブルーの海へ飛び込もう！

ダイバーでなくても小笠原の海に潜れる体験ダイビング。インストラクターのサポートを受けながら穏やかな浅い場所で海中散歩。透明度の高い海に色鮮やかな魚がたくさん！

エダサンゴに感動♪

何種類の魚に会えるかな!?

小笠原は魚の数も種類もハンパじゃない。写真は縞模様が特徴のタテジマキンチャクダイ

上／インストラクターからレクチャーを受けたら、ダイビング器材を身に付けて水中世界へ！　右／穏やかな場所にはエダサンゴが群生するスポットも

小笠原ダイビングセンター MAP 折り込み① B1 所要 5時間 交 二見港発着（送迎あり） 電 (04998)2-2021 時 8:15〜 休 荒天時 料 体験ダイビングボートコース 1万9250円（燃料調整費別途1000円） 予約 必要 URL ogasawara-dc.com　※その他の催行会社→ P.83

ツアーで行く！ 初心者でも大物釣りのチャンス
フィッシング

島育ちの船長がベテランから初心者までレベルに合った釣りスタイルでベストな海域に案内。初心者におすすめの五目釣りなら未就学児から楽しめる。トイレ付きの船で安心♪

私も釣れた！
もっと大きいのがいますよ！

右／熟練アングラーにはケータへの遠征がおすすめ。特大のGTを狙おう　上／子供もウエルカム！　釣れた魚は持ち込み可の飲食店で調理してもらえる

島内唯一のキャスティングボートは広々としたキャビンとトイレ付き

ワンダーツアー MAP 折り込み③ A1 所要 五目釣り3時間 交 二見漁港発着（一部エリアを除いて送迎あり） 電 080-5464-5525 時 五目釣り 8:45〜、13:00〜 休 荒天時 料 大人1万2000円、小・中学生5000円　※ほかに餌1人1000円、レンタルタックル（竿）2セット5000円、氷2000円（リリースの場合は不要） 予約 必要 URL wondertour-ogasawara.com　※その他の催行会社→ P.83

 ダイビングのライセンスがなくても、簡単なレクチャーを受けるだけで楽しめる体験ダイビング。耳抜きに不安をもつ人も、インストラクターがていねいにサポートしてくれる。体に浮力を受ける水中では、宇宙遊泳をしているような無重力感覚を味わえる。

白砂とボニンブルーのコントラストに魅せられて

父島ビーチセレクション10

白砂が広がる王道ビーチから、奇岩に囲まれた隠れ家ビーチ、サンゴが美しいスノーケリングスポットまで、父島の極上ビーチを厳選！

裸足で歩くとフカフカ♪

❶ 小港海岸
こみなとかいがん

タマナやハマギリなど南国の木々が茂る林を抜けると、見渡す限り真っ白なビーチが続く。遠浅で穏やかなので子供でも安心。サンセットスポットとして人気を集めるほか、夜はスナガニやオオヤドカリが現れ自然観察も。

MAP 折り込み② A2　**交** B-しっぷから車で16分＋徒歩2分。または❶小港海岸から徒歩2分

👤トイレ　🚿シャワー　🏠休憩所　🅿駐車場

❷ コペペ海岸
こぺぺかいがん

南太平洋諸国から移住したカナカ人のコペペじいさんが利用していたといわれるビーチ。スノーケリングに最適な海岸で、波打ち際からすぐにサンゴの群生ポイントがある。海中案内板をたどって小港海岸まで泳げる。

MAP 折り込み②A2　**交** B-しっぷから車で14分、または❶扇浦海岸から徒歩25分

❸ 扇浦海岸
おうぎうらかいがん

シャワーが完備されたレストハウスが立つ海岸。きめの細かい白砂の海岸が続き、地元の家族連れでにぎわう。沖に300mほど泳ぐと沈船がある。

MAP 折り込み②B1　**交** B-しっぷから車で12分。または❶扇浦海岸からすぐ

サンゴを見るならここ！

❺ 大村海岸
おおむらかいがん

二見港の脇にある海岸。芝生の広場を抜けると穏やかな海岸が広がり、島民の憩いの場になっている。前浜とも呼ばれる。

MAP 折り込み①B3　**交** B-しっぷから徒歩2分

❹ 境浦海岸
さかいうらかいがん

静かな湾内に、1944年に魚雷攻撃を受けて座礁した濱江丸が鎮座。船体は魚礁となり魚が群れる。周囲の森にはメジロなどの野鳥が。

MAP 折り込み②B1　**交** B-しっぷから車で6分＋徒歩3分。または❶境浦海岸から徒歩3分

 父島も母島も海開きは1月1日。つまり1年を通して海に入れるということ。ただし基本的に監視員はいないので、無理をせず自己責任で楽しもう。海面が穏やかに見えても実は海中では流れが速いことがあるので注意して。

遊び方

父島 ▶ 父島ビーチセレクション10

❻ 宮之浜
みやのはま

北に兄島を眺める風光明媚なビーチ。波打ち際からすぐにサンゴが点在し、魚影が濃いことで人気。ナンヨウブダイやタテジマキンチャクダイなど大型の魚も観察できる。沖は潮が速いのでブイの外に出ないように。

スノーケリングセットを持って♪

MAP 折り込み④B2
🚃 B-しっぷから車で4分または徒歩20分。または❶宮之浜入口から徒歩10分

二見港

父島

❼ ジニービーチ
じにーびーち

父島の南西端に輝くパウダーサンドの海岸。陸路は整備されていないため、ボートやカヤックを利用して海からアクセスすることになる。外洋に面しているため、沖に出ると潮が速いので注意が必要。

南島

❽ ジョンビーチ
じょんびーち

海からの上陸が一般的だが、陸路でもトレッキングで山を越えてアクセスできる。南島方面を眺めると美しい島々が連なっている。

白砂がまぶし過ぎる☆

MAP 折り込み④A4
🚃 B-しっぷから車で16分＋徒歩2時間30分。または❶小港海岸から徒歩2時間30分

MAP 折り込み④A5
🚃 二見港とびうお桟橋から船で15分

小笠原のシンボルです

❾ 南島
みなみじま

父島発のマリンツアーでは欠かせない島。島西部の扇池にはきらめく白砂が敷き詰められ、高台からの風景は息をのむ美しさ。自然保護のため、ガイド付きでないと上陸できないほか、植物を踏むことのないよう指定のルートを歩く（→P.56）。

❿ 製氷海岸
せいひょうかいがん

小笠原海洋センター（→P.86）の横に広がるビーチ。波打ち際までサンゴが迫り、スノーケリングが楽しいほか、シーカヤックを楽しむ地元の人の姿も。シャワーや休憩所はないので、ペットボトルに水を入れてシャワー代わりに利用するといい。

MAP 折り込み④A5　🚃 二見港から船で20分

MAP 折り込み③A2
🚃 B-しっぷから車で5分。または徒歩40分

Voice 清瀬地区のとびうお桟橋（**MAP** P.84C1）は、島民や観光客に人気の夜のお散歩スポット。絶滅危惧種のサメであるシロワニをはじめネムリブカやエイなど、さまざまな海の生き物を観察できる。

ツアーで行く！

沖に南島を望む、ため息ものの絶景！

ハートロックツアー

固有植物が茂る森を抜け、紺碧の海が広がる巨岩の上へ。
晴れた日は南島や母島まで眺められるパノラマビューに感激。

見どころたっぷり 生命の森に癒やされる

小笠原の名所、ハートロック（千尋岩）の頂上を目指す人気のワンデイトレッキング。周辺は入林に許可が必要な森林生態系保護地域になっており、ガイドツアーでのみ歩けるプレミアムなコース。小笠原の自然について知り尽くしたガイドと一緒に、父島の生物多様性を支える乾性低木林など生命感に満ちた森を散策する。

コースは往復8kmほど。ところどころ急な上り坂もあるが、巨大なガジュマルの森や畑跡、戦跡など見どころは豊富。ガジュマルに登ったり、タコノキの気根の中に入って記念撮影をしたり、遊びながらのトレッキングが楽しい。背の高い樹木が茂る森林と低木が連なる斜面を抜けたところで、目の前に何も遮るものがない断崖絶壁に到着。ボニンブルーの水平線をたどると、紺碧の海に浮かぶ南島や母島までを一望できる。

ハートロックの上でジャンプ！ 下からあおって撮影すると、宙に浮いているような写真に♪

安全なハイキングのお約束
履き慣れた靴や上着など快適に歩ける装備のほか、日焼け対策や雨具も忘れずに。またガイドを頼まない場合はふたり以上で行動し、宿の人に行き先を告げておこう。

ハイキングはこんな格好がGood!

両手があくバッグ 手が使えると、不安定な場所でも何かと便利

帽子 熱中症と日焼けから身を守るため蒸れない帽子を

脱着できる服 上り下りでウインドブレーカーなどを脱着

ロングパンツ 生い茂った樹木の中を歩くので足の保護も

歩きやすい靴 底が厚く足首をサポートしている靴だと楽。トレッキングシューズ推奨

たびんちゅ **村上義弘さん**

持ち物は？
✓ 日焼け止め　汗で流れるのでたまに塗り直す
✓ 水　夏は2ℓ、冬でも1ℓくらい用意
✓ お弁当　スーパーなら朝から弁当を販売
✓ タオル　特に夏は驚くほど汗をかく！

たびんちゅ
MAP 折り込み④ B4（ハートロック）　交 B-しっぷ集合（送迎可能な宿もあり）
電 090-7275-7576　時 8:00〜　休 不定休　料 1万円（送迎付き）　駐車場 あり
予約 必要　URL tabinchu55.com　※その他の催行会社→P.83

岩の上を目指すハートロックツアーでは、ハートロックのハートの形（→P.53）は見られない。ははじま丸の入出港時や海のツアーに参加したときにチェックしてみよう。

72

遊び方

父島 ▶ ハートロックツアー

スケジュール
- 所要時間 約7時間
- 走行距離 往復約8km
- 体力レベル

絶景が楽しみ〜

8:15 まずはヨガで全身をほぐして
地図を見ながらルートの説明を受けたら、ヨガでウオーミングアップ。全身の筋肉を伸ばしておくと、けがの予防になるし、気分もすっきり。

芝生の公園でトイレ&準備をしてから出発〜

徒歩10分

8:45 森に入る前に固有種保護のお約束
外部から種子や生物を持ち込まないように、森の入口にブラシやお酢スプレーが用意されている。服や靴の泥、種子はきれいに落として。

プラナリア対策のため靴底にお酢スプレーをかける

徒歩45分

9:30 固有の植物や戦跡などが点在
最初の1時間はややきつい上がりが続く。小笠原の歴史や地形、生態系など、ガイドの話を聞きながらゆっくり進もう。水分補給も忘れずに。

上り坂が増えてきた！

上／春から夏にかけては固有植物が花を咲かせ美しい。気温が上がるため飲料水は2ℓくらい用意したい
下／戦時中に使われていた車や食器などが残っている

徒歩45分

11:00 ガジュマルの森で元気に木登り
巨大なガジュマルは、かつて周辺に住居があった証拠。入り組んだ枝は丈夫なので、木登りにぴったり。気根でターザンごっこもできる。

地球外生命体みたい!?

徒歩1時間30分

日陰を確保するために誰かが植えたガジュマルが、こんなに大きな姿に

11:45 森を抜けると目の前に海が！
最高地点の「ついたて山」山頂を過ぎて森を抜けると、目の前には鮮やかな緑と真っ青な海が織りなす美景が広がる。あまりの爽快感に感動！

うっそうと茂る森からパノラマビューの丘に出た爽快な瞬間

徒歩15分

12:00 絶景を見ながら贅沢なランチ
ハートロックの上まで歩いて、絶景を眺めながらのランチタイム。冬は眼下に広がる海で、ザトウクジラのジャンプが見られることもある。

いろいろ撮ろうね

上／絶壁の上からの美景を堪能したり記念撮影したり！　下／ハートロックの上は、赤土と真っ青な海という映画のセットのようなロケーション

父島のおもなトレッキング&ハイキングルート
- 宮之浜
- 長崎展望台
- B-しっぷ
- 旭山　旭山遊歩道…P.76
- 二見港
- 初寝浦遊歩道…P.76
- 初寝浦
- 中央山
- 父島
- 東平アカガシラカラスバトサンクチュアリ…P.74
- 小港海岸
- 中山峠展望台
- ブタ海岸
- ジョンビーチ
- 千尋岩
- 小港〜ジョンビーチ…P.75
- ハートロックツアー…P.72

voice 入林許可を受けたガイドの同行が必要なルートでは、夜明道路沿いから上る傘山も人気。標高280mの山頂からはパノラマビューを堪能することができる。

森を抜けると海を見渡す高台が！

固有の植物が！

ツアーで行く！
あかぽっぽの保護地区をのんびり散策

東平アカガシラカラスバトサンクチュアリ〜初寝山

体力に合わせたコースをご案内します

植物のおよそ40％が固有種といわれる小笠原。貴重な森林でマイナスイオンに包まれよう！

固有の植物を見ながらハイキング

　父島には季節や時間、参加者の希望などに合うさまざまなハイキングやトレッキングコースが用意されている。東平アカガシラカラスバトサンクチュアリ（MAP折り込み④C3）から初寝山を歩く半日コースは、勾配が緩やかで初心者でも参加しやすい。植物の約40％、樹木に限れば約70％が固有種といわれる世界自然遺産の森で、ガイドの話に耳を傾けながら知的好奇心を満たすプレミアムな体験を。高台からは小笠原独自の生態系を支える乾性低木林と紺碧の海を一望できる。

ボニンブルーシマ
島田克己さん

アカガシラカラスバトは小笠原の固有亜種で、あかぽっぽとも呼ばれる。見られたらラッキー！

ボニンブルーシマ
MAP 折り込み①B2　交 ボニンブルーシマ集合　電（04998）2-2181
時 小笠原エコツアー半日コース9:00〜、13:00〜　休 荒天時　料 6000円
予約 必要　URL boninblue.com
※その他の催行会社→P.83

もっと知りたい！
希少な鳥を後世に残そう

絶滅危惧種に指定されているアカガシラカラスバト。保護のために立ち入り禁止エリアがあるほか、繁殖期間である11〜3月は歩けない場所もある。

ガイドの指示を守って行動しよう

スケジュール
所要時間	歩行距離	体力レベル
約3時間	約2km	

9:15　小笠原の自然環境をささっと予習
貴重な自然についてレクチャーを受ける。小笠原が抱える環境問題などについても説明してもらえる。

固有種の種類にびっくり！

9:30　アカガシラカラスバトの聖域へ
まずはアカガシラカラスバトの保護地区へ。整備されていない道もあるので、歩きやすい服装や靴は必須。

ガイドの同行が必要

10:00　緑のアーチをくぐって探検気分
自然観察路を覆うように樹木が茂る。肌を保護するためにアームカバーやスパッツがあるとベスト。

帽子やタオルも持参しよう

11:00　初寝山から紺碧の海と空を一望！
目の前に広がるボニンブルーの海に感動。低い山の上には、環境に適した低い植物しか生えていない。

空や海の青と木々の緑がキレイ

11:30　どこを見ても固有の植物ばかり
父島の乾性低木林は固有植物の宝庫。競争相手が少ないため、小さな花を咲かせるものが多い。

花や実の形にも理由がある

voice　アカガシラカラスバトは肉食動物による捕食や餌の減少などで個体数が激減。一時は生息数が数十羽前後まで減少したとみられたが、現在は保護増殖活動が進められ、400〜500羽前後まで増えたと推測されている。

遊び方

父島 ▶ 東平アカガシラカラスバトサンクチュアリ～初寝山／小港～ジョンビーチ

タコノキは小笠原の固有種♪

個人で行く!

見どころ多彩な
父島の最長ハイキングルート

自然保護のため行き先と目的を調査してます！

小港～ジョンビーチ

往復ともにきつい上りがあるハードなルートだが、
それでも行く価値のある美しい風景やビーチに出会える。

達成感も味わえる本格トレッキング

　地元の人たちも「ジョンビーチはきつい」と口を揃えて言うほど、アップダウンの激しい往復9kmのルート。眺望は遊歩道入口から20分ほどの中山峠がいちばんよく、そこまで来て帰る観光客も多い。ジョンビーチを目指す場合は、中山峠からブタ海岸まで下り、再び山道を上っていく。遊歩道を覆うようにタコノキやオガサワラビロウが茂り、つづら折りの山道を歩きながら小笠原らしさをたっぷり感じられるはず。途中の分岐点からさらなる絶景を目指し、標高228mの高山を経由することも可能。終点のジョンビーチには観光客も少なく、秘密の隠れ家のような真っ白な砂浜を独占できる。

もっと知りたい!
ジョンビーチの波打ち際をチェック
ジョンビーチの波打ち際には、板状の岩が連なっている。これはビーチロックと呼ばれる、石灰質の砂礫岩。堆積物が炭酸カルシウムの作用により固まったもので、長い時間をかけて形成されたもの。干潮になるとビーチロックの間の潮だまりで、魚やヤドカリなどが見られる。

南国らしい植物に覆われた小さな橋を渡って進む

スケジュール
所要時間	歩行距離	体力レベル
約4時間30分	往復約9km	🚶🚶🚶

9:00 小港海岸の手前から出発!
固有のカタツムリ保護のため、入口で靴底や服を掃除。ジョンビーチと書かれた筒に石を入れ出発!

急な階段を一気に登る

9:20 中山峠からの眺めにため息
潮風が心地よい中山峠でひと休み。眼下に真っ白な小港海岸、その向こうにコペペ海岸が広がる。

ベンチから美景を堪能

9:40 ブタ海岸で疲れをリセット
かつて船乗りがブタを飼っていたというブタ海岸。黒い砂浜沿いでは小さなサメが見られることもある。

小石が広がるビーチ

10:40 ひたすら下る!下る!
2～3ヵ所、眺めのいい場所を通り過ぎたら最後は階段を下るだけ。ただし帰りの上りは覚悟して……。

階段は滑るので注意

11:00 ジョンビーチに到着♪
石灰岩が削られてできた真っ白なビーチでのんびり過ごす。湾内にはサンゴが点在しカラフルな魚も多い。

ここでランチがベスト

MAP 折り込み④ A4　交 小港海岸までB-しっぷから車で16分。または小港海岸までバスで約20分。バスは本数が限られる　駐車場 あり（小港海岸）　問 小笠原村観光協会☎(04998)2-2587

voice 地元では長崎展望台から宮之浜へ尾根を下っていく電信山遊歩道が人気。兄島瀬戸を眺めながらの、片道2.7km、所要1時間30分ほどのルートになる。

個人で行く！ 二見湾と集落をパノラマで眺める

旭山遊歩道

往復 1.6km、1 時間ほどのルートなので、夜明道路の遊歩道入口までレンタバイクなどで行けば、時間があるときに気軽に歩けるのがうれしい。入口付近は樹木の生い茂る森で、山頂に向かうにつれ父島らしい乾性低木林が広がる。山頂の先にある展望ポイントからは二見港を一望。北に兄島、南に南島と変化ある景観を楽しめるルート。

小笠原諸島の玄関口、二見湾と集落を眺める

海の中まで見えるよ！

緩やかな上り

遊歩道入口は夜明道路に面し、高木に覆われたジャングルのような雰囲気

階段は急だよ！

旭山南峰との分岐点は標識に従って山頂方面へ。帰りに旭山南峰に上ってもOK

潮風がさわやか〜

江戸幕府の巡検隊が国旗を立てたという旭山山頂。周囲には乾性低木林が広がる

午後は逆光です

山頂の先にある展望ポイントから見る二見湾と港、大村集落はフォトジェニック

MAP 折り込み③ B2　**交** 遊歩道入口まで B-しっぷから車で約 12 分または徒歩 1 時間 20 分
駐車場 あり　**問** 小笠原村観光協会☎(04998)2-2587

個人で行く！ ウミガメが訪れるバージンビーチへ

初寝浦遊歩道

眺めのよい高台まで上ったら、あとは初寝浦ビーチまで 220m をひたすら下る標高差の激しいルート。緑色のウグイス砂が混じった砂浜は手つかず感満点で、ウミガメの産卵地としても知られる。周辺では固有種のオオヤドカリもよく見られる。往復 2.2km、所要 1 時間 50 分ほどと短いが、帰りは急な階段を上ることになるので体力が必要。

初寝浦には小さな入江に沿って延びる白い砂浜が

展望台から初寝浦ビーチまでは長い階段を下るのみ。帰りのために体力を温存！

森を抜けるとまぶしいほどの白砂ビーチが広がる。入江ではスノーケリングもできる

平坦な道が続く

ハイキングルートの入口付近は、小笠原の固有植物が茂る乾性低木林が広がる

下る前にひと休み

高台に休憩所やベンチがあり、眼下にはうっそうと茂る森とその向こうに広がる紺碧の海が

滑るので注意

オオヤドカリを探してね♪

MAP 折り込み④ C3　**交** 遊歩道入口まで B-しっぷから車で約 20 分　**駐車場** あり　**問** 小笠原村観光協会☎(04998)2-2587

voice トレッキングはアクセスを考えるとガイドツアーに参加するのがいちばん楽。小笠原の植生や環境の話などを聞けるのもガイドツアーならではの楽しみ。ガイドがいなくても行ける場所は、B-しっぷなどで手に入る「自力で行ける MAP」で確認しよう。

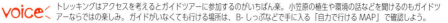

遊び方

父島 ▶ 旭山遊歩道、初寝浦遊歩道／大村ゆる〜り町歩き

個人で行く！

到着日に気ままなお散歩で父島の雰囲気をつかもう

大村ゆる〜り町歩き

大村はおがさわら丸が発着する小笠原の玄関口。中心部に見どころやお店が集まり散策にぴったり！

暖かい島は居心地いいよ♪

父島のメインストリートから集落を一望する高台の公園へ

大村の中心地は、父島で最もにぎやかな観光拠点。二見港から聖ジョージ教会あたりまでのメインストリートを中心に、レストランやカフェ、みやげ物店が並ぶ。目の前に広がる大村海岸や集落を見渡す大神山公園など、徒歩圏内にのんびり過ごせるスポットも多い。港から聖ジョージ教会までは、ゆっくり歩いて10分くらいなので、到着日におみやげを物色しながら散策するのにちょうどよい。急がず、緩やかに流れる島時間を堪能して！

最もにぎわうのは、おがさわら丸の出港直前と入港直後

もっと知りたい！ 大村の待ち合わせ場所はこちら

小笠原観光協会と小笠原ホエールウォッチング協会が入ったB-しっぷは、本誌でも交通の起点として記載している観光拠点。ツアーの待ち合わせ場所に指定されることも多い。

イカリが目印 青灯台前

左／B-しっぷは観光の拠点なので場所をチェックしておきたい
右／船客待合所の横にあるクジラのモニュメント

MAP 折り込み①、P.84　**交** ビジターセンターまでB-しっぷから徒歩2分

スケジュール

所要時間 約3時間30分　歩行距離 約2km　体力レベル

マンホールもチェック！

12:00 小笠原ビジターセンターで情報収集
トレッキングマップや季節ごとの星座表、生物紹介など滞在中に役立つ資料が充実している。→ P.86
ユニークな企画展も好評

13:00 いちばん近いビーチ、大村海岸へ
港から徒歩1〜2分と気軽に行けるビーチだが、砂の白さ、海の美しさともにハイレベル。→ P.70
砂浜でくつろぐ島民の姿も

14:00 ガジュマルは島民の憩いの場
二見港の前には大きなガジュマルの木がそびえ、南の島感たっぷり。
MAP 折り込み① D2

木陰のベンチでひと休み

14:20 大神山公園から大村を一望
階段を上ると、鮮やかな朱塗りの大神山神社が。展望台からは二見港と集落の全容を望む。→ P.85

停泊するおがさわら丸も

15:30 青空に映える聖ジョージ教会
きれいに整備されたガーデンに立つ真っ白な教会。毎週、日曜には礼拝が行われている。→ P.86

戦後、再建された教会堂

 大神山神社に宮司さんは常駐していないが、通常おがさわら丸の入港日の13:00〜16:00にだけ社務所を開ける。このタイミングでタコノ葉細工のお守り（800円）の購入や御朱印もいただける。

陸軍の五芒星も確認できる！

陸軍の四一式山砲

ツアーで行く！
森の中に残る大砲や施設跡を巡る
戦跡ツアー

かつて日本軍の基地が築かれた小笠原。
平和の大切さを考えながら戦跡を訪ねる。

語りべマスオ
冨田マスオさん

硫黄島の話も交えながらじっくりご案内

小笠原の森が飲み込む第2次世界大戦の記憶

第2次世界大戦時、小笠原諸島は日本の重要な戦略拠点であり、本土決戦に備えた最後の砦でもあった。激戦地となった硫黄島では多くの兵士が犠牲となり、父島や母島も上陸こそなかったものの激しい空爆にさらされた。ツアーでは、おもに夜明山を散策。現在も日本軍が築いた壕や大砲が残り、周辺には当時使用されていたと思われる食器や瓶が無造作に散らばっている。戦後80年が過ぎた今、圧倒的な自然のなかでひっそりと眠る戦争の記憶。最後に訪れる初寝浦展望台からの絶景もまた違うものに見えるに違いない。

もっと知りたい！
自然の力強さを感じる小笠原の森

かつて軍のさまざまな施設が築かれた森。こんな山中に基地を作り上げたことに驚くが、80年を経て、遺構を覆いつくすようにオガサワラビロウなど固有種の森が復活したことに感嘆する。

森が戦跡を覆いつくす

上／首なしと呼ばれる二宮金次郎像
左／実際に壕の中に入れる

スケジュール

所要時間	歩行距離	体力レベル
約3時間	約2km	

9:30 夜明山の住居兼食料壕へ
まずは夜明山の入口にある壕へ。これは海軍通信隊の居住兼食糧を保管するために掘られたもの。

ぽっかりと口を開けた壕

9:50 兵士の生活をしのばせる食器や瓶
当時の兵士たちが実際に使用していた薬やインクの瓶、ビール瓶などが集められ、置かれている。

森の中で見つかった品々

10:25 石垣で覆われた陸軍の発電機室跡
さらに森の奥へ進むと、見事な石垣で組まれ、コンクリートで強固に固められた発電機室がある。

山中に残る見事な石垣

10:50 東側の海に向けられた海軍の高角砲
洞窟の中に十年式十二糎高角砲が残っている。当時の兵士が残した絵とともに状況を振り返る。

硫黄島の話も交えながら解説

11:30 絶景が広がる初寝浦展望台
ツアーの仕上げは初寝浦展望台を訪ねる。東側の初寝浦海岸と山が見られる絶景ポイントだ。

疲れが吹き飛ぶ絶景

語りべマスオ
MAP 折り込み④ B3（夜明山）　交 夜明山までB-しっぷから車で13分（送迎あり）
電 (04998) 2-3427　時 半日ツアー 9:00～、13:00～　休 不定休　料 5000円　予約 必要　URL masuo-san.jimdofree.com　※その他の催行会社→P.83

voice 島の各所に大砲や壕が残る小笠原。詳しく見学するなら戦跡ツアーがいちばんだが、森や山のツアーでも戦跡を通過しながら説明を受けられる場合がある。ガイドに質問すれば、より詳しい話を聞かせてもらえる。

遊び方

父島 ▶ 戦跡ツアー／スターウオッチング、ナイトツアー

ツアーで行く！ こぼれ落ちそうな空いっぱいの星々
スターウオッチング

澄んだ空気に恵まれ人工の光が少ない小笠原は、星座観察に最適なフィールド。夜空を飾る宝石のような星座を、レーザーポインターを使って解説してくれる。季節によって変わる星座をはじめ、くじら座やいるか座などユニークな星座のエピソードに耳を傾けよう。流れ星をいくつ見つけられるかな？

自分の星座はあるかな？

レーザーポインターを使用して、星座の位置や構成を示してくれる。自分の誕生星座があるかチェック♪

星座は知れば知るほどおもしろい☆

夏以外でも天の川が見える北緯27度の夜空

天の川がくっきり

肉眼でもたくさんの星を観察できるが、天体望遠鏡を使えば、星の色や瞬きをよりくっきりと見ることができる

竹ネイチャーアカデミー
竹澤博隆さん

西の空に太陽が沈むと、星が主役となる時間の始まり。雲が少ない夜には天の川がくっきり。文字どおりこぼれ落ちそうな満天の星が

竹ネイチャーアカデミー
MAP 折り込み① D2　**所要** 2時間　**交** ウェザーステーション展望台までB-しっぷから車で7分（送迎あり）　**電**（04998）2-3305
時 19:00〜　**休** なし　**料** 5000円　**予約** 必要
URL take-na.com　※その他の催行会社→ P.83

ツアーで行く！ 冒険心を刺激する夜の小笠原を探検
ナイトツアー

水平線に日が沈みあたりが暗闇に包まれると、日中とは違った小笠原の顔が見えてくる。主役は昼間には息をひそめていた生物や見えなかった植物たち。オガサワラオオコウモリが音もなく上空を舞い、森から出てきたオカヤドカリは浜辺を目指す。可憐な光を放つグリーンペペも幻想的だ。静かな夜に繰り広げられる生命の営みが心を打つ。

グリーンペペのシーズンは4〜11月頃！

直径は約1cm!

夜は活動的よ

色彩豊かな日中から一転して、闇夜に広がる神秘の世界

昼間は草むらや木のうろに隠れているオカヤドカリをビーチで探して

絶滅危惧種です

父島には300〜400匹前後しか生息しない天然記念物のオガサワラオオコウモリ

体長は20〜25cm

陸域専門ガイド　マルベリー
吉井信秋さん

幻想的に光るグリーンペペの正式名称はヤコウタケ。高温多湿が条件

オガサワラオオコウモリは果物が大好物。食事中の個体を近くから観察

陸域専門ガイド　マルベリー
MAP 折り込み② B2（小笠原亜熱帯農業センター）　**所要** 2時間　**交** 小笠原亜熱帯農業センターまでB-しっぷから車で約14分（送迎あり）　**電**（04998）2-3423
時 18:45〜20:45　**休** 不定休　**料** 4500円　**予約** 必要
URL ogasawara-mulberry.net　※その他の催行会社→ P.83

 voice 冬はもちろん春や秋も、夜はかなり冷え込むことが多い。特に風が強い日は日中暑くても要注意。夜のツアーに参加する際は、ウインドブレーカーなどの上着や足元の防寒を忘れずに。

個人で行く！

かわいい子ガメに触れられる！

ウミガメ教室

1982年に開設された海洋生物の調査研究施設。館内は展示エリアと飼育エリアに分かれ、飼育エリアではアカウミガメやタイマイを含む数百頭のウミガメを飼育している。2時間のウミガメ教室ではウミガメの生態や現状を伝える約50分のレクチャーに始まり、水槽の見学や餌やり、本物のウミガメに触れる甲ら磨きなどを体験できる。

海に面した水槽の中に小笠原で生まれた子ガメが泳ぐ

製氷海岸の横にある通称「カメセンター」

クイズも出すよ

ウミガメの生態や歴史がわかるレクチャー。興味深い話ばかりであっという間

白変個体のウミガメも！

ごみは適切に処理してね

気持ちいいです♪

ウミガメの胃から出てきたプラスチックごみが展示された展示エリアもチェック

胃の中から出てきたゴミ

ウミガメの甲ら磨きに挑戦。歯ブラシや柔らかい布を使って藻や雑菌を取り除く

小笠原海洋センター
MAP 折り込み③A2　所要 約2時間　交 B-しっぷから車で5分
電 (04998) 2-2830　時 8:30〜（おがさわら丸入港日）、13:30〜（おがさわら丸入出港日）　休 おがさわら丸入出港日以外
料 4500円、小学生2500円　予約 ウェブサイトの予約フォームから必要　URL bonin-ocean.net

ツアーで行く！

小笠原唯一の空のアクティビティ！

パラセーリング

世界遺産の景色を空から楽しむパラセーリング。ブランコのように座るだけでOKなので、6歳からシニアまで体験できるのが魅力。ロープの長さは200m、海面からの高さは最大で100mになり、上空からウミガメやイルカ、冬はザトウクジラを見かけることも。ホエールウオッチングにパラセーリングを組み合わせた半日ツアーも人気だ。

スペクタキュラーな小笠原の自然を楽しむ

家族で飛ぼう！

フライトは同時に3人まで可能で、家族で楽しめるのも魅力

感動の風景！

冬季のシーズン中はホエールウオッチングも楽しめる

唯一無二の体験を！

父島パラセール
平野悠介さん

家族で体験できるのがうれしい

ちょっとドキドキ☆

座るだけでOK

父島パラセール
MAP 折り込み①C2　所要 1時間〜1時間30分　交 B-しっぷから徒歩4分　電 080-4599-3501　時 9:00〜、10:30〜、13:00〜、14:30〜　休 おがさわら丸出港中　料 1万1000円
予約 専用サイトから必要　URL parasail.tokyo

---

voice 小笠原海洋センターでは、夏季（7〜9月頃）に3時間の海ガメ教室を開催している。2時間コースの内容に加え、ウミガメの卵をふ化場に埋める埋卵体験ができ、生まれたばかりの稚ガメに会えることも。料金は7000円（小学生3500円）。

遊び方

父島 ▼ ウミガメ教室、パラセーリング／アイランドヨガ、コーヒーツアー、ハーバリウム

個人で行く！ 海のパワーに包まれてエネルギーチャージ！
アイランドヨガ

白砂の海岸でブルーの海を眺めながら行うビーチヨガ。ゆったりと寄せる波のリズムに合わせて、新鮮な空気を体いっぱいに吸い込もう。ヨガのあとはビーチでのんびりくつろいで♪

〈ひとりでも気軽に参加して♪〉

〈のんびりリラックス♪〉

宮之浜など浜辺で南国の木々に包まれながら深呼吸。小笠原の豊かな自然を全身で感じることができる

おがさわら丸が出港するまでの時間を有効活用！ 視界に広がる空と海はもちろん、聞こえてくる波の音が心地よい。初心者向けのヨガなので体が硬い人でも十分に楽しめる

たびんちゅ
MAP 折り込み① A2（B-しっぷ） 所要 2時間 交 B-しっぷ集合（送迎可能な宿もあり）
電 090-7275-7576 時 おがさわら丸出港日の8:30〜 休 荒天時、おがさわら丸出港日以外
料 5000円 予約 必要 URL tabinchu55.com ※その他の催行会社→P.83

個人で行く！ 緑あふれるコーヒー畑で収穫焙煎体験
コーヒーツアー

小笠原では、希少な国産コーヒーが栽培されている。農園主催のツアーに参加すると、コーヒーがどんな場所で育ち、どのように芳醇な一杯になるかを知ることができる。参加者はドリップバッグを購入できる（要予約）。

小笠原のコーヒーの歴史や、収穫した実が一杯のコーヒーになるまでの工程をレクチャーしてくれる

〈記憶に残る一杯です！〉

上／赤くつややかなコーヒーの実の中に、2粒のコーヒー豆が入っている　左／9〜12月の収穫期には収穫体験、それ以外の時期は脱穀・焙煎・抽出などの体験ができ、深く凛とした風味の小笠原産コーヒーを試飲させてくれる

野瀬農園
MAP 折り込み② B2 所要 約2時間30分 交 B-しっぷから車で15分 電 090-4025-8553（予約） 時 10:00〜
休 おがさわら丸入出港翌日と出港日以外 料 4500円
予約 必要 URL www.nosefarm.com

個人で行く！ 小笠原の花々をすてきな思い出に
ハーバリウム

ハーバリウムとは、プリザーブドフラワーを透明容器に入れてシリコンオイルに浸して保存するインテリア。ブーゲンビリアやシダなどの島の植物で自分だけの作品を作ろう。海辺で拾った小さな貝殻やビーチグラスを入れるのもおすすめ。

〈大切な人にプレゼント☆〉

〈アート気分で楽しもう♪〉

小笠原の自然をイメージして染めたプリザーブドフラワーが用意されている。自分好みの色を選んで。香りを楽しめるディフューザーの体験も可能

瓶の中に素材を入れて、シリコンオイルを注ぐ。小笠原の思い出を瓶に詰めて！

HARUKAI
MAP 折り込み① D2 所要 約1時間30分 交 B-しっぷから徒歩4分（うわべ家※変更あり）
電 090-2657-7710 時 10:00〜※要相談 休 土曜、祝日
料 ミニハーバリウム 3300円、ミニディフューザー 3300円
予約 前日の12:00ぐらいまでにInstagramのDMで必要　 harukai.o

---

voice 野瀬農園ではコーヒーツアー参加者のみドリップバッグを2袋まで購入できるが、台風などの影響でコーヒー豆の収穫が減っており販売がないこともある。購入希望者はツアー申込時に必ず申し出よう。

個人で行く！ 海岸の漂流物がすてきなアートに!?
シーボーンアート

ビーチグラスと呼ばれる海岸に落ちたガラス片をひろい集めて作るシーボーンアートは、ビーチクリーンの認識を広めるために生まれたアート。自分でひろったものを持ち込んでもOK。

貝殻やビーチグラスは、インテリアのワンポイントにぴったり

世界でひとつだけの作品を♪

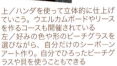

上／ハンダを使って立体的に仕上げていこう。ウエルカムボードやリースを作るコースも開催されている
左／好みの色や形のビーチグラスを選びながら、自分だけのシーボーンアート作り。自分でひろったビーチグラスや貝を使うこともできる

パパスダイビングスタジオ
MAP P.84A3　所要 2時間〜2時間30分　交 B-しっぷから徒歩3分　電 (04998)2-2373　営 9:00〜、13:00〜　休 不定休　料 3630円〜（キャンドルシェード）　予約 必要　URL papasds.com

個人で行く！ 小笠原の伝統文化に触れる
タコノ葉細工

小笠原に古くから伝わる工芸品のタコノ葉細工を、短時間で気軽に体験できる。好きな色のタコノ葉を編んで、ナチュラル&カラフルなブレスレットを作成。世界にひとつだけのオリジナルみやげを持ち帰ろう！

素朴さが魅力！

右／タコノ葉細工は、島でのカジュアルな装いにぴったりのアクセサリー。昔は籠などの生活用品に使われた素材なので、丈夫なのが特徴

上／スタッフが優しくレクチャーしてくれるので、初めて体験する人でもすてきな作品ができる。雨の日の体験にもおすすめ　左／ショップではタコノ葉細工のブレスレットや指輪を販売（→P.20）。体験する時間がない人はこちらをどうぞ！

ギフトショップ ハートロック
MAP 折り込み①D2　所要 約1時間〜1時間30分　交 B-しっぷから徒歩4分　電 (04998)2-3305　営 9:00〜18:00（最終受付16:30）　休 なし　料 ブレスレット1500円　予約 必要　URL take-na.com/souvenir

個人で行く！ 波のようなストロークを全身で楽しむ
リラクゼーション

休暇といえども忙しく過ごしていると、自然と疲れがたまってくるもの。そんなときはマッサージで体の芯から疲れをとるのがおすすめ。小笠原らしく、自然のパワーを感じられるリラックス系の施術が人気。

思わず眠っちゃう

小笠原の海パワー

海水で蒸した温かいタオルで全身を温め、基礎代謝をアップさせる「海水温熱セラピー」

波のようなロングストロークが心地いい「エサレン・ボディワーク」。軽めのストレッチもあり、施術後は体が軽くなる。セッションは1時間15分から

パパスダイビングスタジオ
MAP P.84A3　所要 エサレン・ボディワーク1時間55分〜、海水温熱セラピー1時間30分（いずれもカウンセリング含む）　交 B-しっぷから徒歩3分　電 (04998)2-2373　営 10:00〜17:00　休 不定休　料 エサレン・ボディワーク1万1000円〜、海水温熱セラピー6000円　予約 必要　URL papasds.com

Voice タコノ葉とは、小笠原の固有種であるタコノキの葉のこと。刈った葉をゆでて干し、形を整えたものを編んで籠やアクセサリーにする。ハワイにも同様に南国の植物の葉を使った工芸品があることから、ハワイから渡ってきた先住民が伝えたとの説がある。

父島アクティビティ会社リスト

小笠原はアクティビティのバリエーションが豊富。透明度抜群の海と固有種を育む森をフィールドに、小笠原でしか味わえない感動体験を♪

父島 ▼ シーボーンアート、タコノ葉細工、リラクゼーション／アクティビティ会社リスト

遊び方

会社名	電話番号	URL	サービスの内容
アイランダー・ツアーズ	080-2945-5977	islander.localinfo.jp	MT BS NT YG
アキビーチ シーカヤッククラブ	(04998)2-3304	www.akibeach.jp	SK
ウラシマン ダイビング サービス	(04998)2-7072	www.urashiman.jp	DV CB
エスティーツアー	090-6933-6858	sttour2018.com	DW DV SP
O.O.C.C サップツアーズ	080-1237-3369	oocc.jp	SP
Ocean Magic	080-1171-6676	oceanmagic.blue	DW CB DV
小笠原観光(有)	(04998)2-3311	www.ogasawarakanko.com	DW CB IT
小笠原観光ガイドブルーム	090-4728-3168	people/小笠原観光ガイドブルーム/100054489307798	SK MT BS NT
小笠原自然探検隊ONE	(04998)2-7057	ogasawara-one.com	DW MT NG NT
小笠原ダイビングセンター	(04998)2-2021	ogasawara-dc.com	DV
小笠原ダイビングベース聲-coe-	(04998)2-2100	www.coeogasawara.com	DW DV
小笠原父島 翔雄丸 ひゆうまる	050-3561-1240	bonin-island.com	FS
小笠原ツーリスト	(04998)2-7771	www.ogasawara-tourist.com	MT NT
小笠原プリンセスクルーズ	090-2545-5366	chichijimadolphin.com	DW CB
小笠原ボニンシストラベル	(04998)2-2020	bonitra.jp	MT IT
小笠原ボニンアイランド観光	090-8005-0996	なし	CB
小笠原マリン	(04998)2-2917	なし	CB
オガツアー	(04998)2-3292	ogatour.p1.bindsite.jp	MT BS NT
語リベマスオ	(04998)2-3427	masuo-san.jimdofree.com	SN MT BS NG NT
Come・クルーズ	090-5195-3994	www.come-cruise.com	DW CB
グレース・オーシャンツアー	(04998)2-7711	graceoceantour.com	SK SP BS
SURF SHOP RAO	(04998)2-2081	raosurf.com	SP
サンダンス フィールドガイド	(04998)2-2787	なし	MT
シートピア(ひょうたん丸)	(04998)2-2714	seatopia.moo.jp	DW DV CB
自然体験ガイド ソルマル	(04998)2-3773	ogasawara-solmar.com	SK MT
シャンティボビーズ	(04998)2-7266	shantibungalow.com	SK MT NT
SAY!GO!アウトリガーカヌーツアー	090-1116-7143	boninsaygo.wixsite.com/saygo	SP SN NT
戦跡ガイド 板長	(04998)2-2795	hakara-me.com	BS
ダイビングサービス KAIZIN	(04998)2-2797	www.kaizin.com	DV
竹ネイチャーアカデミー	(04998)2-3305	take-na.com	DW SN CB MT BS NG NT ST CF
たびんちゅ	090-7275-7576	tabinchu55.com	SN MT ST YG
父島ガイドSAN	(04998)2-3509	chichijimaguidesan.web.fc2.com	MT IT NT
父島ガイド Polaris	(04998)2-2233	polaris-ogasawara.com	DW SN MT NT
父島パラセール	080-4599-3501	parasail.tokyo	CB PS
ディープブルーオーシャンガイドサービス	(04998)2-7280	d-blue.info	DW DV SN
トミーGワールド	090-5431-4159	tommygworld.com	SK MT NG
ネイティブ カラー	(04998)2-3707	nativecolor.jp	DW DV CB
パットイン ツアー	(04998)2-3711	patinn.com	MT NG NT
パパスダイビングスタジオ	(04998)2-2373	papasds.com	DW DV SN MT NT CF RX
HARUKAI	090-2657-7710	harukai.o	CF
フィッシング JIGGER	(04998)2-3615	pension-jigger.com	FS CB
フィッシングボート山ちゃん	(04998)2-3015	fishingyamada.web.fc2.com	FS CB
風覧ブーランシーカヤッククラブ	(04998)2-3386	www.pelan.jp	SK YG
Huu Rin Sanpo(ふうりんさんぽ)	090-4671-3203	www.huurinsanpo.com	MT NT
ブルーレース オーシャン&フィールドガイド	(04998)2-3660	bluelace08.web.fc2.com	DW SN CB MT BS NT
BONIN WAVE	(04998)2-2178	boninwave.com	DW DV SN
ボニンブルーシマ	090-4968-1258	boninblue.com	MT BS NT
マッチの星空屋さん	090-2531-5799	hoshizorayasan.com	DW SN ST
マリンコンダクターエスコート	(04998)2-3824	do-escort.com	DW DV
Milphin あいland Guide(ミルフィンアイランドガイド)	080-7849-7004	ogasawara-milphin.com	MT NG
陸域専門ガイド マルベリー	(04998)2-3423	ogasawara-mulberry.net	MT IT BS NG NT
ワンダーツアー	080-4093-0719	wondertour-ogasawara.com	FS CB

DW ドルフィンスイム・ホエールウオッチング・南島　SK シーカヤック　SP スタンドアップパドルボード・アウトリガーカヌー・サーフィン　FS 釣り　DV スクーバダイビング・体験ダイビング　SN スノーケリング　CB チャーターボート　SC サンセットクルーズ　PS パラセーリング　MT 森・山のガイド　IT 島内観光　BS 戦跡ツアー　NG 自然・歴史ガイド　NT ナイトツアー　ST スターウオッチング　YG ヨガ　CF 手工芸　RX リラクゼーション

緩やかな空気が流れる小笠原ステイの中心地

MAP 折り込み④

父島 (ちちじま)

1000kmの船旅を経たおが丸が到着するのが父島。港の近くに食事処やカフェ、みやげ物店が集まり宿泊施設も多い。しかし中心地から少し離れるだけで、周囲に広がるのは生命力に満ちた森。雄大な景観を楽しめるビュースポットも充実している。

ココ！

観る・遊ぶ
海と山を一望する絶景ポイントがいっぱい

島を囲むように点在するビーチや絶景のビュースポットなど、自然を舞台にした見どころが多い。研究施設などの知的好奇心を満たす観光スポットも集落からアクセスしやすい。

買う
島食材の加工品をはじめ個性的なアイテムが揃う

小笠原の生物をモチーフにしたオブジェや雑貨、うま味を引き立てる島塩、島のフルーツを使ったお菓子など島ならではのおみやげが人気。レアものが多いので、欲しいものは早めにゲット。

食べる・飲む
旬の島野菜や島魚を使ったメニューが豊富

大村には数多くのレストランやバー、居酒屋が集まっており、食のバリエーションは豊富。どの店も島で取れた食材を使った観光客向けのメニューを揃えるほか、島民向けに定番の居酒屋メニューも充実している。

泊まる
ペンションや民宿のほかコンドミニアムも多い

父島の宿泊施設はほとんどがペンションか民宿。まずは、大村から清瀬や奥村あたりまでの集落に泊まるのか、境浦や扇浦、小港などの集落外に泊まるかを決めよう。集落内なら夜まで遊んでも歩いて帰れる。

大村・宮之浜・清瀬

VOICE 小笠原の食事処はどこも席数が限られているので、行きたい店が決まっているなら予約をしたほうが安心。特におがさわら丸出港中は観光客が少なくなるが、島の会社やグループが宴会をすることが多いため意外に混雑している。

景勝地　エリア 小港　MAP 折り込み② A2
中山峠展望台
なかやまとうげてんぼうだい

潮風に吹かれて白砂の小港海岸を望む

　小港海岸の入口脇とジョンビーチをつなぐ遊歩道の途中にある展望台。眼下には白い砂浜が美しい小港海岸とコペペ海岸が広がり、その先の二見港まで見晴らせる絶景スポットだ。南にはブタ海岸と南島、周辺に散らばる小さい島々も見える。

上／白砂と青い海とのコントラストが美しい　左下／森林生態系保護地域へは、靴底を洗浄して入る　右下／ベンチでのんびり

🚌 B-しっぷから車で17分＋徒歩18分。または🚌 小港海岸から徒歩20分　🅿️ あり（小港園地）

景勝地　エリア 三日月山　MAP 折り込み④ A2
ウェザーステーション展望台
うぇざーすてーしょんてんぼうだい

水平線に沈む夕日と空の色は圧巻

　三日月山園地にある展望台。紺碧の海を望み、特に夕日の美しさは格別。雄大な水平線に沈む太陽と空の色は、観光客にも島民にも愛されている。夜は星空観望スポットとしても人気。冬はホエールウオッチングを楽しめる。

上／夕方になると多くの観光客と島民が集まる　左下／空の色は毎日少しずつ異なる　右下／晴れた日には母島まで望める

🚌 B-しっぷから車で7分。または🚌 三日月山入口から徒歩20分　🅿️ あり

景勝地　エリア 旭平　MAP 折り込み④ B2
旭平展望台
あさひだいらてんぼうだい

紺碧の海が広がるダイナミックな景観

　夜明道路沿いにある展望台。目の前には島の東側の海域が壮観なパノラマで広がる。左側には手つかずの自然に包まれた兄島、右側に無人島の東島を望む。朝日の好スポットでも有名。

🚌 B-しっぷから車で11分＋徒歩1分　🅿️ あり

神社　エリア 大村　MAP P.84B2
大神山神社
おおがみやまじんじゃ

青空に映える朱色の神殿が美しい

　天照大神を祀る創建1593年の神社。集落から長い階段を上ると、朱に彩られた社殿が現れる。11月に開催される例大祭は、相撲や演芸大会でにぎわう。二見湾を見下ろす眺めもよい。

🚌 B-しっぷから徒歩20分　🅿️ なし

公園　エリア 大村　MAP P.84B2
大神山公園
おおがみやまこうえん

大村地区から気軽に行ける眺望スポット

　二見港に面した大村中央地区と、丘陵地の大神山地区の2ヵ所からなる公園。大神山地区の尾根道には散策路があり、メイン展望台からはボニンブルーの海と集落を一望できる。

🚌 B-しっぷから徒歩15分（メイン展望台）　🅿️ あり

神社　エリア 扇浦　MAP 折り込み② B2
小笠原神社
おがさわらじんじゃ

小笠原の名前を冠した由緒正しき神社

　小笠原を発見したと伝わる、小笠原貞頼を祀った神社。境内には開拓小笠原島之碑が立つ。毎年7月に開催される例大祭では、島民と観光客が一緒に御輿をかついで練り歩く。

🚌 B-しっぷから車で12分＋徒歩3分。または🚌 扇浦海岸から徒歩3分　🅿️ あり

 ウェザーステーション展望台は風通しがよく、真夏以外は肌寒く感じられることも。特に夕方以降はウインドブレーカーなど羽織るものを持っていると安心。

教会　エリア 大村　MAP P.84A3
聖ジョージ教会
せいじょーじきょうかい

小笠原の激動の歴史を象徴する教会

　欧米系の入植者によって建てられた、緑に囲まれた真っ白な教会。建立は1909年だが第2次世界大戦で焼失。現在の教会は戦後に再建されたもの。毎週日曜には礼拝を開催。

交 B-しっぷから徒歩3分　駐車場 あり

資料館　エリア 大村　MAP 折り込み① A3
小笠原ビジターセンター
おがさわらびじたーせんたー

島に到着したらまず訪れたい展示施設

　大村海岸に面した、小笠原の歴史や文化、自然を多角的に紹介する施設。パネルや模型などの展示物と映像で、わかりやすく学べる。特別展も開催している。

交 B-しっぷから徒歩2分
電 (04998)2-3001　時 8:30～17:00（ハイシーズンは～21:00）
休 おがさわら丸出港中（ハイシーズンは無休）　駐車場 あり

資料館　エリア 大村　MAP P.84A3
小笠原世界遺産センター
おがさわらせかいいさんせんたー

世界遺産の自然の価値を紹介する施設

　小笠原の自然とその保全について、パネル展示や企画展で紹介。絶滅の危機にある小笠原の固有種、希少なマイマイなどを保護増殖室で飼育しており、その様子をガラス越しに観察できる。

交 B-しっぷから徒歩2分　電 (04998)2-7174　時 9:00～17:00
休 おがさわら丸出港中　駐車場 なし

カフェ　エリア 宮之浜　MAP P.84B1
きまぐれカフェ
きまぐれかふぇ

猫がいるリラックス空間

　大村地区から宮之浜に向かう道の途中にある、かわいい猫が迎えてくれるカフェ。島食材のパフェや、エスニックな味つけのランチなどが食べられる。

交 B-しっぷから徒歩15分
電 090-5947-3946　時 12:00～17:00　休 不定休
駐車場 あり　f www.facebook.com/ogasawara.kimagure

研究施設　エリア 奥村　MAP 折り込み③ A2
小笠原海洋センター
おがさわらかいようせんたー

ウミガメと触れ合い学べるカメセンター

　アオウミガメとザトウクジラの生態調査、研究を行う施設。調査内容や資料を展示しているほか、外の水槽ではアオウミガメを観察できる。

交 B-しっぷから車で5分。または徒歩35分　電 (04998)2-2830　時 9:00～12:00、13:30～16:00　休 おがさわら丸出港中（展示館）　駐車場 あり　URL bonin-ocean.net

割烹料理　エリア 大村　MAP 折り込み① B2
丸丈
まるじょう

カウンターで店主との会話を楽しむ

　カウンターと小上がりが2卓だけの割烹料理店。刺身盛り合わせ1650円やアカバ味噌汁660円など、島の食材を使った料理が充実している。店主や島の人との会話も楽しい。

上／島寿司 1050円はオキサワラなどを使った上品な味。弁当にもしてくれる
左下／地元客の姿も多い　右下／落ち着いた雰囲気の店

交 B-しっぷから徒歩3分　電 (04998)2-2030　時 11:00～14:00、17:30～22:00(L.O.21:15)　休 おがさわら丸出港中　駐車場 あり

研究施設　エリア 清瀬　MAP P.84C2
小笠原水産センター
おがさわらすいさんせんたー

小さな水族館で小笠原の魚を観察

　島の漁業活動を支援し、技術指導などを行う施設。飼育観察棟は「小さな水族館」として開放し、小笠原の海で見られる生物を飼育している。餌やりも見学できる（要問い合わせ）。

交 B-しっぷから車で3分。または徒歩15分。清瀬交差点から徒歩2分　電 (04998)2-2545　時 8:30～16:30　休 なし　駐車場 あり

VOICE 小笠原ではおがさわら丸の入出港によって営業時間を決めている施設が多い。その場合、休館日や休店日は曜日ではなく、おがさわら丸の出港中や入港日の午前、出港日の午後となる。

居酒屋　エリア 大村　MAP 折り込み① C1
南国酒場 こも
なんごくさかば こも

小笠原の食材をたっぷり使った創作料理

木目調のカウンターが印象的な雰囲気のある居酒屋。店主は島でも数少ない、ウミガメをさばく技術の持ち主。名物のカメカレーのほか、シーズン中は新鮮なウミガメ料理を味わえる。

上／名物のカメカレー1500円はボリューム満点　左下／バーのような雰囲気の店　右下／オナガダイの刺身（時価）も美味

交 B-しっぷから徒歩3分　電 (04998) 2-3337　時 17:30〜23:00
休 不定休　駐車場 なし

多国籍料理　エリア 大村　MAP 折り込み① D2
ボーノホライズン
ぼーのほらいずん

二見湾を一望できる絶好のロケーション

色鮮やかな旬の島野菜や新鮮な島魚を使った多国籍バル。人気の島魚のラグー1300円や各種ピザ1400円〜、フライドポテト900円などを半オープンテラスの店内で味わえる。

上／島魚を使った島魚のラグー。小笠原でぜひ食べたい一品　左下／島の柑橘を使った自家製ジンジャーソーダ600円などドリンクも豊富　右下／二見港を眺めながらシェフ自慢の料理を

交 B-しっぷから徒歩4分　電 (04998)2-2022　時 17:00〜23:00 (L.O.22:00)　休 不定休　駐車場 なし　📷 buono_horizon

食堂　エリア 大村　MAP 折り込み① D2
あめのひ食堂
あめのひしょくどう

島魚を使ったさくさくのカツやお刺身を

島の食材中心のメニューが充実した定食屋。夜は居酒屋としても利用できる。素材のよさを生かした優しい味が特徴。船客待合所の近くにあるので、入出港日のランチタイムにも便利。

上／アカムツ煮付け1200円（手前）など島食材を使用した料理が絶品　左下／落ち着いた雰囲気の店内　右下／島魚のカツカレー1600円

交 B-しっぷから徒歩4分　電 (04998)2-2006　時 11:30〜14:00 (L.O.13:30)、18:00〜21:30 (L.O.20:30)　休 不定休　駐車場 なし

和食居酒屋　エリア 大村　MAP 折り込み① B1
まんた
まんた

なごめる客席で島の味覚とお酒を楽しむ

気さくな店主が、漁協直送の鮮魚や島の旬野菜をていねいに調理。厳選の日本酒などを片手に島の味覚をゆっくり楽しめる。島魚のお造り（時価）や、島塩だれのから揚げ800円が人気。

上／いちばん人気は島魚のお造り　左下／ゆったり座れる掘りごたつのほか、カウンターもある　右下／純和風の店構え

交 B-しっぷから徒歩3分　電 (04998) 2-3552　時 17:30〜22:30 (L.O.21:30)　休 不定休　駐車場 なし

---

voice 小笠原では刺身でよく出されるオナガダイ。正式名称はハマダイといい、水深200m以深に生息する。上品な味わいで知られ、高級魚として料亭などで出されるが、小笠原では比較的リーズナブルに食べられる。

食堂　エリア 大村　MAP 折り込み① C2
父島がじゅまる食堂
ちちじまがじゅまるしょくどう

オープンエアのテラスで味わう島魚

　知人の漁師から入手した新鮮な島魚を使った定食が人気。オナガダイやメカジキのアラを使った味噌汁も絶品！　島内で唯一 6:00 からの営業で、朝定食 1200 円などを用意している。

上／日替わりのがじゅ丼 1800 円。オナガダイ、メカジキ、ソデイカの3点に絶品味噌汁付き　下／店内とテラス席を用意

交 B-しっぷから徒歩4分　電 (04998)2-5101　時 朝食6:00〜8:30（入港中のみ）、ランチ11:00〜14:00　休 不定休　カード 可　駐車場 なし　🅘 gajumaru_shokudo

洋風居酒屋　エリア 大村　MAP 折り込み① B1
チャーリー・ブラウン
ちゃーりー・ぶらうん

目の前の鉄板で食材が躍るライブ感

　やわらかなライトに包まれた店内で出されるのは、島の食材を中心にした創作料理。鉄板でダイナミックに焼いたメニューは、観光客にも地元客にも人気が高い。

上／オリジナルハンバーグ 1400 円、メカジキのステーキ 1250 円　左下／木目調の店内　右下／外観はライブハウス風

交 B-しっぷから徒歩3分　電 (04998)2-3210　時 17:00〜22:30（L.O.21:30）　休 不定休　カード 可　駐車場 なし

創作料理　エリア 大村　MAP 折り込み① C1
オーベルジュ・サトウ
おーべるじゅ・さとう

シェフのアイデアが詰まった繊細なひと皿

　島の食材を斬新にアレンジした料理が評判のレストラン。特に新鮮な魚介類を使った料理が充実している。ワインに合う前菜やパスタなどメニューは豊富。

交 B-しっぷから徒歩5分　電 (04998) 2-2136　時 18:00〜23:00（L.O.22:00）※おがさわら丸出港日のみ11:00〜弁当販売　休 不定休　カード 可　駐車場 なし

居酒屋　エリア 大村　MAP 折り込み① C1
居酒屋 ふくちゃん
いざかや ふくちゃん

島の若者たち御用達の居酒屋

　島の若者が集まる活気に満ちた居酒屋。カウンターは常連客で埋まり、小上がりもたくさんの客でにぎわう。名物は、ねぎま 750 円（3本）など小笠原の塩で味つけした焼き鳥。

交 B-しっぷから徒歩3分　電 (04998)2-2716　時 17:30〜23:00（L.O.22:00）　休 おがさわら丸出港日　駐車場 なし

食堂　エリア 大村　MAP 折り込み① B2
波食波食
ぱくぱく

ボリューム満点のメニューに舌鼓

　レトロな雰囲気が漂う店は、定食や丼、麺類まで何でも揃う。定食の選択肢が豊富なのもうれしい。島レモンやパッションフルーツを使ったサワーが人気で、一品料理も充実している。

交 B-しっぷから徒歩3分　電 (04998)2-3060　時 11:30〜13:30、17:30〜22:00（L.O.21:00）　休 おがさわら丸出港中　駐車場 なし

郷土料理　エリア 大村　MAP 折り込み① B2
島寿司
しまずし

ウミガメや島魚のお寿司ならここへ

　島寿司 1000 円、ウミガメ入り小笠原寿司 1600 円など、島の食材を使った寿司が名物。自家製パパイヤキムチも評判。おがさわら丸船内用のテイクアウトもできる（前日までに要予約）。

交 B-しっぷから徒歩3分　電 (04998)2-2541　時 10:00〜14:00　休 不定休　カード 可　駐車場 なし

---

voice 宿は朝・夕食付きのプランが多いが、父島の大村エリアにはレストランや居酒屋など飲食店が多いので、1日くらいは外食をしてみると違った雰囲気を味わえて楽しい。

中国料理　エリア 大村　MAP 折り込み① A3
一品香クルーズ・海遊
いっぴんこうくるーず・かいゆう

父島で味わう横浜の本格中華

餃子500円や絶品タンメン1000円など、気軽に中華を味わえる店。島で取れたアカバの切り身がのったあかばラーメン1500円は、スープのだしもアカバから取った、こだわりの一品。

交 B-しっぷから徒歩1分　電 (04998)2-3181　時 11:00～14:00、不定で～21:00　休 不定休　駐車場 あり

バー　エリア 奥村　MAP 折り込み③ A1
ヤンキータウン
やんきーたうん

巨大なタマナの木に守られたバー

大村から少し離れた奥村に立つカントリー調のバー。ドリンクのみの提供で食べ物は持ち込める。島の初代住民の子孫、ランス氏との会話を楽しみに訪れるリピーターも多い。

交 B-しっぷから徒歩15分　電 (04998)2-3042　時 20:00～24:00　休 日・月曜　駐車場 なし

バー　エリア 大村　MAP 折り込み① B2
Radford
らどふぉーど

サーファー御用達の家庭的なバー

伝説のサーファー、川越氏の店。サーフボードが飾られた店内で、まったりとお酒を楽しむ。新鮮な島魚を使ったラド寿司4貫800円など家庭料理も評判。カラオケ完備。

交 B-しっぷから徒歩3分　電 (04998)2-2772　時 18:00～24:00 (L.O.22:00)　休 水曜　駐車場 なし

バー　エリア 大村　MAP 折り込み① C2
バー・クレヨン
ばー・くれよん

地元の常連客が集う夜の社交場

夜遅くまで開いているので、2軒目、3軒目として貴重な存在。料理も豊富で、地元ではカメ煮込み1200円が評判。カウンターとテーブルで35席あり、ゆったりナイトライフを楽しめる。

交 B-しっぷから徒歩3分　電 (04998)2-2093　時 11:00～13:30 (L.O.13:00)、18:00～24:00　休 不定休　カード 可　駐車場 なし

バー　エリア 大村　MAP P.84A3
やすおん家
やすおんち

カクテル片手にゆったり南国時間を

ゲストハウス併設の居酒屋。風通しのいいアジア風の客席で、オリジナルカクテルを傾けながらリゾート気分に浸りたい。スリランカ風のやすおん家カレー1300円～が評判。

交 B-しっぷから徒歩4分　電 (04998)2-3515　時 18:00～23:00　休 日曜、不定休　駐車場 あり

居酒屋　エリア 大村　MAP 折り込み① B2
トキちゃん
ときちゃん

おでんが評判のローカルな居酒屋

正方形のカウンターテーブルを客が囲む、ユニークなレイアウトの店。弁当にも力を入れており、ランチタイムに販売。ボリューム満点で人気がある。

交 B-しっぷから徒歩3分　電 (04998)2-2977　時 11:00～13:00、17:00～20:00 ※おがさわら丸出港日は18:00～　休 土・日曜　駐車場 なし

Tシャツ　エリア 大村　MAP 折り込み① B2
makimaki
まきまき

海を身近に感じられるおしゃれデザイン

人魚やサーフガールをモチーフにしたTシャツが充実。人気はおが丸をデザインした浮世絵風のTシャツ&トート。カラフルな携帯ストラップは島民の定番。

交 B-しっぷから徒歩3分　電 (04998)2-3755　時 15:00～18:00 ※おがさわら丸出港日は10:00～14:30　おがさわら丸出港中　カード 可　駐車場 なし

雑貨　エリア 大村　MAP 折り込み① C2
バンガロウル
ばんがろうる

オリジナルの個性派Tシャツが豊富

ユニークなデザインのTシャツや、すぐに着られるワンピース、水着を扱う。島内外の作家の工芸品やアクセサリー、雑貨もたくさん並んでいるので、宝探し気分を味わえる。

交 B-しっぷから徒歩3分　電 (04998)2-3366　時 9:00～19:00　休 おがさわら丸入港前日　駐車場 なし

 小笠原の居酒屋で、観光客に人気なのが島レモンサワー。さわやかな飲み口で何杯でも飲めてしまう。甘めがお好みならパッションフルーツを使ったドリンクも試してみて。

おみやげ　エリア 大村　MAP 折り込み① B2
lululani るるらに
楽しく選べるおみやげのセレクトショップ

南国風のさわやかな空間に、島内の作家によるハンドメイドのアクセサリーやガラス製品、ショップオリジナルのお菓子、トートバッグなどが並ぶ。

交 B-しっぷから徒歩3分　電 (04998)2-2225　時 10:00〜18:00（おがさわら丸出港日は9：00〜14:30）　休 おがさわら丸出港中　駐車場 なし

おみやげ　エリア 大村　MAP 折り込み① B2
フリーショップまるひ ふりーしょっぷまるひ
名産品がいろいろ揃うマルチショップ

白い建物に大きな時計が目立つショップ。島レモンジャムや島トウガラシ、タコノ葉細工など名産品を中心にたいていのものが揃う。おみやげをまとめ買いするならここがおすすめ。

交 B-しっぷから徒歩2分　電 (04998)2-2042　時 8:00〜17:30　休 おがさわら丸入港前日　カード 可　駐車場 なし

手ぬぐい　エリア 大村　MAP 折り込み① D2
小笠原海豚屋 おがさわらいるかや
小笠原デザインの手ぬぐいがいっぱい

アオウミガメやザトウクジラ、コウモリなど島の自然や生物をモチーフにした手ぬぐいを販売。伝統の染色技法「注染」で染められた味のある1枚は、インテリアにも最適。

交 B-しっぷから徒歩4分　電 (04998)2-7280　時 17:00〜18:30 ※要問い合わせ　休 不定休　カード 可　駐車場 なし

おみやげ　エリア 大村　MAP 折り込み① B2
手作りみやげパパの手 てづくりみやげぱぱのて
ここでしか買えないハンドメイド商品

オリジナル商品が充実しており、棚には手作りのアイテムが並ぶ。クジラの歯細工や小笠原本サンゴのアクセサリー、サイズ展開豊富なTシャツが人気。

交 B-しっぷから徒歩2分　電 (04998)2-2678　時 10:00〜18:00（おがさわら丸入港日は11:00〜）　休 不定休　カード 可　駐車場 なし

農産物直売所　エリア 大村　MAP 折り込み① B2
小笠原アイランズ農協直売所 おがさわらあいらんずのうきょうちょくばいじょ
小笠原の農産物やおみやげが並ぶ

パッションフルーツやトマト、レモンなど、小笠原の旬の野菜やフルーツを扱う店。ゆうパックでの発送も行っている。ジャムなどの加工品や雑貨といった、おみやげの品揃えも豊富。

交 B-しっぷから徒歩3分　電 (04998)2-2940　時 9:00〜17:30　休 おがさわら丸出港翌日　駐車場 あり

雑貨　エリア 大村　MAP 折り込み① B2
まーる まーる
スマホで撮った写真をオリジナル絵はがきに

LINEの「まーる」公式アカウントと友達になり写真を送れば、即日オリジナル絵はがき180円を作れる。写真のプリント60円も可能。アオウミガメの甲らのストラップも販売。

交 B-しっぷから徒歩3分　電 (04998)2-7150　時 10:00〜17:30　休 おがさわら丸出港翌日　カード 可　駐車場 なし

ベーカリー　エリア 大村　MAP 折り込み① C1
たまな たまな
大村中心部にある実力派ベーカリー

早朝から営業する、島民にも人気のパン屋さん。カレーパンやツナチーズなどの総菜系から、ドーナツなどのおやつ系まで品揃え充実。いろいろ選びたいなら、早い時間がおすすめ。

交 B-しっぷから徒歩4分　電 080-1377-9857　時 6:30〜売り切れ次第終了　休 おがさわら丸入港翌日　駐車場 なし

スーパー　エリア 大村　MAP 折り込み① C2
スーパー小祝 すーぱーこいわい
お弁当も扱う人気の島スーパー

生鮮食品やパン、お弁当を扱う島のスーパー。おがさわら丸入港日の午後やはじま丸到着後は商品も豊富で島民でにぎわう。部屋飲み用のお酒も購入可。

交 B-しっぷから徒歩3分　電 (04998)2-2337　時 8:00〜18:30（おがさわら丸入港日は〜19:00）　休 おがさわら丸入港日前日 ※臨時休業あり　駐車場 なし

 おがさわら丸の出港中は島内にゲストが少ないので、飲食店で宿やアクティビティ会社のスタッフが飲んでいることも。仲よくなったら貴重な話を聞けるかも？

ペンション パパスアイランドリゾートHALE
ぱぱすあいらんどりぞーとはれ

エリア 大村　MAP 折り込み① C2

港に面したハワイ風の客室でくつろぐ

HALEとはハワイ語で「家」を意味し、その名のとおり、オイル仕上げのウッディな内装は落ち着いた雰囲気。すべての部屋にテラスが備わり二見湾と旭山を一望。島の新鮮食材を使った食事も楽しみたい。

上／ゆったりサイズのベッドがうれしい　左下／全室に美しいハワイアンキルトが飾られている　右下／開放的な1階のカフェは島民にも人気

交 B-しっぷから徒歩3分　電 (04998)2-2265 ※予約ด(04998)2-2373　料 朝1万4740円～、朝夕1万8040円～　客室数 3室（個室）　カード 可　駐車場 あり　URL papasds.com/hale

ペンション ウエスト ANNEX
うえすと あねっくす

エリア 大村　MAP P.84A3

ボニンブルーを独占できる絶景ホテル

大村の中心にありながら静かで、目の前に白砂のビーチが広がるロケーションが魅力。特に3階のスイートルームとバスルームからは真っ青な二見湾を一望できる。旬の島野菜と島魚を使った食事も評判。

上／3階のスイートは客室とバスから二見湾を見晴らせる　左下／絶景の屋上　右下／居心地のよいシンプルモダンな宿

交 B-しっぷから徒歩1分　電 (04998) 2-2331　料 素1万2500円～、朝1万3500円～、朝夕1万5000円～　客室数 5室（個室）　駐車場 なし　URL ogasawara-west.tokyo

ペンション アイランドリゾート父島南風
あいらんどりぞーととちちじまなんぷー

エリア 扇浦　MAP 折り込み② B2

プライベート感たっぷりのリゾートペンション

自然豊かな扇浦にあるナチュラルな雰囲気の宿。2階の客室は独立したヴィラタイプで、プライベートな空間で快適に過ごせる。2階のファミリールームにはバルコニーから続く半露天の浴室が備わり開放感いっぱい。

上／天井が高く清潔感がある開放的な部屋　左下／自然豊かな扇浦地区に立つ　右下／季節の島食材を取り入れた料理を提供

交 B-しっぷから車で10分　電 (04998)2-2112　料 素1万1500円～、朝1万2700円～、朝夕1万5200円～　客室数 6室（個室）　カード 可　駐車場 あり　URL www.ogasawara-nanpu.com

ペンション AQUA
あくあ

エリア 大村　MAP P.84A3

青空に映える真っ白なデザインホテル

ミニマルなデザインに統一された、スタイリッシュなホテル。客室は5室に抑え、スペースを広くとった贅沢な造りで快適性を追求。イタリア製マットレスなどファシリティにもこだわっている。ペットOKの部屋も1室用意。

上／広いベランダもあるシックな空間　左下／白い外観が印象的。館内は高い天井で開放的　右下／島の食材をふんだんに使った料理を懐石風に

交 B-しっぷから徒歩2分　電 (04998)2-7831　料 素1万5000円～、朝1万6000円～、朝夕1万9000円～　客室数 5室（個室）　駐車場 なし　URL www.aqua.jpn.com

voice 父島・大村エリアの飲食店はほとんどが海側のメインストリートと、そのひとつ奥の通りに集中している。歩いて回れる範囲なので、店が決まっていないなら散策がてら見て回ってもいい。

ペンション エリア 大村 MAP P.84A3
ペンション・キャベツビーチ
ぺんしょん・きゃべつびーち

リゾート気分を盛り上げるかわいい宿
　さわやかな水色の外観がかわいらしい南国ムードたっぷりのペンション。1室を除いてバス、トイレは共同になっている。建物の前には南洋植物が配された庭があり、テーブルでくつろぐゲストの姿も多い。

上／南国の植物に覆われた、リゾート気分を満喫できる宿　左下／清潔感があり過ごしやすい客室　右下／食事はアットホームな雰囲気の食堂で

- 交 B-しっぷから徒歩2分　電 (04998)2-3136
- 料 素8800円〜、朝9900円〜　客室数 11室（個室）　駐車場 あり

ペンション エリア 境浦 MAP 折り込み② B1
境浦ファミリー
さかいうらふぁみりー

リピーターに評判の郷土料理が自慢
　境浦海岸を見下ろすアットホームな宿。おいしい食事にはファンが多い。ハイビスカスなど、南国の植物が美しく生い茂るガーデンがフォトジェニック。

- 交 B-しっぷから車で8分
- 電 (04998)2-2530　料 朝夕9500円〜　客室数 8室（個室）
- 駐車場 あり　URL ss736911.stars.ne.jp

ホテル エリア 扇浦 MAP 折り込み② B2
ホテル ビーチコマ
ほてる びーちこま

プライベート感たっぷりのプチホテル
　扇浦海岸の目の前に立ち、24時間営業の自販機のミニショップを併設。郷土料理中心の夕食がおいしいと常連客にも好評。

- 交 B-しっぷから車で10分
- 電 (04998)2-2941　※予約は(03)3336-7769　料 素7000円〜、朝8200円〜、朝夕1万500円〜
- 客室数 14室（個室）　駐車場 あり　URL blog.livedoor.jp/beach_comber

コンドミニアム エリア 大村 MAP 折り込み① A3
海遊
かいゆう

広々とした部屋で暮らすように滞在
　中華料理店に併設されたワンルームタイプのコンドミニアム。大村海岸に面していて、眺めのよさが魅力。2階には共有テラスがある。

- 交 B-しっぷから徒歩3分
- 電 (04998)2-3181
- 料 素1万3500円〜、朝1万6500円〜、朝夕1万8500円〜
- 客室数 3室（個室）　駐車場 あり　URL www.ogasawara-kaiyu.jp

コンドミニアム エリア 大村 MAP 折り込み① A3
リゾートインガゼボ
りぞーといんがぜぼ

暮らしているように自然体で過ごす
　3階建てビルの3階がコンドミニアムタイプの客室になっている。二見湾が見られる絶景ロケーションが自慢。白砂が延びる大村海岸へも歩いてすぐ。一戸建ての別館もある。

- 交 B-しっぷから徒歩3分　電 (04998)2-2540　料 素1万1000円〜
- 客室数 4室（個室）　駐車場 あり

ペンション エリア 清瀬 MAP P.84B1 外
ペンション ボニンウェーブ
ぺんしょん ぼにんうぇーぶ

静かな環境でのんびり過ごせる
　静かな清瀬エリアにある宿。2025年1月にリニューアルし、シンプルながら居心地がよく長期滞在にもおすすめ。屋上やダイニングなど共有スペースも快適。

- 交 B-しっぷから徒歩20分
- 電 (04998)2-2178　料 素7000円〜、朝8000円〜
- 客室数 5室（個室）　駐車場 あり　URL www.boninwave.com

コンドミニアム エリア 大村 MAP 折り込み① A2
ポートロイド
ぽーとろいど

朝の日差しが入る部屋でリラックス
　「住まうように泊まってほしい」がコンセプトの、設備充実のコンドミニアム。全室にキッチンを完備し、風呂とトイレはセパレート。清潔な空間で暮らすように過ごせる。

- 交 B-しっぷから徒歩2分
- 電 (04998)2-3733　料 素8500円〜
- 客室数 6室（個室）　駐車場 なし　URL port-lloyd.com

 小笠原の宿泊施設には、大村エリアの共有設備として洗濯機や乾燥機が付いていることが多い。上手に使うと荷物がぐっと少なくなるのでとっても便利。料金は無料もしくは有料でも200〜300円くらい。

父島ビューホテル
ちちじまびゅーほてる

コンドミニアム　エリア 大村　MAP 折り込み① D2

絶景ロケーションでプチ島暮らし気分

二見港まで徒歩30秒という好立地。全室オーシャンビューで、テラスからは紺碧の海を思う存分楽しめる。素泊まりのみだが、ガスコンロや電子レンジなど自炊設備がある。

交 B-しっぷから徒歩4分　電 (04998)2-7845　料 素8000円～
客室数 8室（個室）　駐車場 なし

ホテル宿ふく
ほてるやどふく

コンドミニアム　エリア 大村　MAP 折り込み① A2

屋上から眺める夕日がロマンティック

B-しっぷの向かいという便利な立地。清潔で快適なビジネスホテルをイメージした部屋は、コンドミニアムタイプの洋室。システムキッチン付きで自炊できる。

交 B-しっぷから徒歩1分
電 (04998)2-3410　料 素6540円～、朝7090円～、朝夕8410円～
客室数 4室（個室）　駐車場 あり　URL yado-fuku.com

ゲストハウスやすおん家
げすとはうすやすおんち

ゲストハウス　エリア 大村　MAP P.84A3

のんびり過ごせるアジアンテイストの宿

聖ジョージ教会の横に立つ、船をモチーフにした真っ白なゲストハウス。3階には大きなテラス付きの部屋があり、窓からは海と三日月山を望める。

交 B-しっぷから徒歩4分
電 (04998)2-3515　料 素7400円～、朝夕9900円～　客室数 5室（個室）
駐車場 なし　URL boninyasuonchi.wixsite.com/yasuonchi

ボニンブルーシマの宿ちどり
ぼにんぶるーしまのやどちどり

コンドミニアム　エリア 大村　MAP 折り込み① B1

広々とした1軒家でのんびり

大村の中心地に立つコンドミニアム。食事は自炊してもいいし、周辺にある食事処を利用してもいい。広々としたスペースで自宅のようにゆったり過ごせる。

交 B-しっぷから徒歩2分
電 (04998)2-2328　料 素9000円～　客室数 3室（個室）
駐車場 なし　URL boninblue.com/inn

シェアハウス海
しぇあはうすうみ

シェアハウス　エリア 扇浦　MAP 折り込み② B1

静かな扇浦海岸で島の生活を体験

自然豊かな扇浦海岸で、島民気分を味わえる宿。共用のキッチンで自炊ができ、海を一望するテーブルはワーケーションに最適。海用品やバイクのレンタルあり。

交 B-しっぷから車で10分
電 090-5100-8500　料 素9000円～（長期割引あり）　客室数 5室
駐車場 あり　URL sharehouseumi.wixsite.com/sharehouseumi

エコビレッジぷーらん
えこびれっじぷーらん

ログハウス　エリア 小曲　MAP 折り込み② B2

自然と共存する生活を体験できる宿

コーヒー山と呼ばれる丘の麓に、オーナー手作りのログハウスが並ぶ。道具完備の自炊室で、持ち寄りのウエルカム＆フェアウェルパーティも開催される。

交 B-しっぷから車で12分
電 (04998)2-3386　料 素6000円～（オフシーズンの長期割引あり）
客室数 4室（個室）　駐車場 あり　URL www.pelan.jp

パパスアイランドリゾート
ぱぱすあいらんどりぞーと

ペンション　エリア 大村　MAP P.84A3

ゲスト同士が仲よくなれる宿

ダイビングサービスが併設されたヴィラタイプのペンション。ウッドデッキテラスが好印象。島の食材を中心にしたボリューミーな料理が評判。

交 B-しっぷから徒歩2分
電 (04998)2-2373
料 朝1万1220円～、朝夕1万4520円～　客室数 10室（個室）　カード 可
駐車場 あり　URL papasds.com/pir

小笠原ユースホステル
おがさわらゆーすほすてる

ユースホステル　エリア 大村　MAP P.84A3

旅人同士でコミュニケーションを

アットホームな雰囲気が魅力の常連にも愛されるユースホステル。畳敷きの広間や、開放的な庭でのんびりくつろげる。出港前日の夜は送別会（4100円）で盛り上がる。

交 B-しっぷから徒歩1分
電 (04998)2-2692　料 素5200円～、夕7000円（会員価格）
客室数 4室（相部屋）　駐車場 なし　URL oyh.jp

 宿泊施設はどこも客室数が少ないので、繁忙期は希望の宿が取れないことも。おがさわら丸の予約だけでなく、宿の予約もなるべく早くしておいたほうがよい。宿の空き状況はウェブサイトに反映されていないことがあるので、電話での確認が確実。

固有の植物・生物が息づく手つかずの自然に包まれた島
母島 NAVI

父島からさらに南下すること約50km。
のんびりとした雰囲気に包まれた母島には、
固有植物が繁茂し、固有生物が息づく
森が広がっている。
素朴な集落を歩き、自然に親しむ
トレッキングを楽しもう。

島で～た

人　口	426人（2024年）
面　積	19.88km²
周　囲	約58km
最高地点	463m（乳房山）

静沢
沖港の西側の漁港に面したエリアで、何軒か宿が集中している。島いちばんの海岸、脇浜なぎさ公園（→P.105）もある。少し歩くと緑に包まれた森が広がっている。

P.102

元地
ははじま丸が入港する沖港の北東部にある島いちばんの集落。商店や漁協、小中学校があり、島の暮らしを垣間見ることができる。集落の入口には大きなガジュマルの木が茂り、島の人々の憩いの場所になっている。

P.102

母島への行き方
父島からははじま丸で約2時間
父島・二見港から沖港へ、ははじま丸が週4～5便運航している。冬は航行中にザトウクジラがよく見られることからホエールライナーとも呼ばれている。

地図:
- 北湾
- 東山 ▲294
- 北港
- 館山 ▲270
- 東湾
- ▲石門
- 石門山 ▲405
- 堺ヶ岳 ▲443
- 母島
- 乳房山 ▲463
- 元地
- ▲小剣先山
- 静沢
- 沖港
- 南崎

0　　2km

遊び方 母島 NAVI

北港 P.103
母島北端の入江。戦前は600人ほどの人が暮らす北村集落があり、にぎわっていた。

沖港船客待合所
母島観光協会もあり、母島観光の拠点となる。各種パンフレットが手に入るほか、島内観光について相談できる。クジラの像が目印。

乳房山
標高約463mの父島、母島の最高峰。2025年1月現在、登山道の一部が閉鎖されており、頂上へは西ルートから登る。→P.98

南崎・小富士
母島の南部に位置する南崎と、南崎を見下ろす小富士（標高約86m）。冬から春にかけては、沖にザトウクジラも見られる。→P.100

サンセットシアター
夕日を眺めるのに最適な場所。夕暮れ時になると島民が集まってくる。→P.104

気になるベーシックインフォメーションQ&A

Q おすすめの過ごし方は?

A 島内観光やトレッキング
島をぐるりと見て回れる島内観光はおすすめ。また母島の山や森は、父島では絶滅したという固有種も多く、ガイドとともに行くトレッキングや登山は絶対に体験したいもののひとつ。

Q 島内交通はどうする?

A 基本は徒歩。有償運送も利用しよう
いくつかの宿がレンタバイクを用意しているほか、沖港に5台のシェアサイクルも。レンタカーは数が限られているので予約を。小さな集落は基本徒歩で回れる。有償運送という乗り合いタクシーもあり、小笠原母島観光協会（→P.134）で手配してくれる。

Q 食事事情はどう?

A 食事処は限られている
朝・夕食は宿で食べるのが基本。昼食が食べられる店が限られているほか、営業日や営業時間が不規則なので、宿に弁当を用意してもらうのが一般的。商店ではパンやカップ麺などを購入できる。

Q 雨の日はどうする?

A ロース記念館がおすすめ
宿で読書をするなど、のんびりと過ごすほか、ロース記念館（→P.105）もおすすめ。タコノ葉でブレスレットを作るタコノ葉細工体験が楽しい。

母島アクティビティ会社リスト

会社名	電話番号、E-mail	URL	ドルフィンスイム・ホエールウオッチング	釣り	スクーバダイビング・体験ダイビング	スノーケリング	南崎・小富士コース	乳房山コース	石門コース	堺ヶ岳コース	島内観光	その他
irie isle(アイリーアイル)	irieisle.hahajima@gmail.com	irieisle.hahajima					●	●	●	●	●	
uli-hahajima(ウリハハジマ)	(04998)3-2288	www.uli-hahajima.com					●	●	●	●	●	
海徳丸(かいとくまる)	080-1022-0326	なし	●	●		●						
CanopusHahajima(カノープス母島)	090-8773-1835	なし	●				●	●	●	●	●	戦跡ツアー、ナイトツアー
シン・パーソナルツアーPOCO(ポコ)	(04998)3-2525	konic					●	●	●	●	●	戦跡ツアー
ダイブリゾート母島	(04998)3-2442	www.diveresort-hahajima.com	*●		●	●						*ホエールウオッチングのみ
田澤誠治	(04998)3-2371	www.anna-beach.com					●	●	●	●	●	
フィールドエスコートhilolo	guide@hahajima-hilolo.com	www.hahajima-hilolo.com					●	●	●	●	●	
マミー・シャーク	kohyawakabata@yahoo.co.jp	Mommy-Shark/106484411025976				（ビーチ）						休業中
茂木永楽園	(04998)3-2337	www.mogi-eirakuen.com					●	●	●	●	●	

※2025年1月現在

固有種が息づく豊かな自然が包み込む

母島を彩る絶景スポット10

父島と比べて格段にゆったりとした雰囲気が漂う母島では、のんびりとした集落に迫るように豊かな森が広がっている。父島では失われた固有種が穏やかに生息する母なる島。手つかずの自然が織りなす絶景を紹介しよう。

※写真提供／小笠原村観光局

❶ 小剣先山
MAP 折り込み⑤ B3
元地集落から手軽に登れる小剣先山。112mの山頂からは集落が箱庭のように見え、沖に向島、平島を見渡せる。海が美しく見えるのは午前中。→ P.101

❷ 前浜のガジュマル
MAP P.102C2
元地集落の入口、前浜の前にある巨大なガジュマル。大きく枝を伸ばし、真夏でも涼しい日陰を作るこの場所は「ガジュ下」と呼ばれ、島の人たちの憩いの場所でもある。
🚶 沖港から徒歩3分

❸ 鮫ヶ崎展望台
MAP 折り込み⑤ B4
脇浜なぎさ公園から階段を上ってアクセスする展望台。10～3月はサンセット、1月下旬～5月上旬はザトウクジラの観察スポットとして人気。→ P.103

❹ 南崎・小富士
MAP 折り込み⑤ C5
都道最南端の南崎ロータリーから徒歩約1時間。母島南端の岬にある小富士から、南崎とその先に広がる太平洋を一望できる。冬～春にはザトウクジラの姿も観察できる。→ P.100

母島を彩る絶景スポット10 遊び方

❺乳房山
MAP 折り込み⑤B3

標高463mの小笠原諸島・有人島の最高峰。西ルートで行く頂上から見る海と岬の風景がすばらしい。東ルートからは圧倒的な緑に包まれた集落を眺められる。→ P.98

❼石次郎海岸
MAP P.102C3

沖港船客待合所から湾を挟んで反対側にある小さな海岸。母島では珍しい真っ白なビーチが広がっている。プライベートビーチ感覚で楽しめる。→ P.103

❻石門
MAP 折り込み⑤B2

セキモンノキ、セキモンウライソウなど母島にしか生息しない貴重な固有種が生育する特別保護地区。原始のままの自然が残る貴重な場所だ。10〜2月は入林禁止。
🚗 沖港から車で15分＋徒歩6時間（東京都認定ガイドの同行が必要）

❽蓬莱根海岸
MAP 折り込み⑤C4

南崎遊歩道の途中にある分岐点から海岸に出て、そこからさらに北へ泳いだところにある、秘密の海岸。満潮時は砂浜がなくなるので、潮汐をチェックして訪れよう。
🚗 沖港から車で15分＋徒歩35分

❾サンセットシアター
MAP 折り込み⑤B3

静沢の森遊歩道の入口付近の道沿いは、サンセットが楽しめる場所として知られ、サンセットシアターと呼ばれている。水平線に沈む夕日が空を染め、ダイナミックな風景を楽しめる。→ P.104

❿旧ヘリポート
MAP 折り込み⑤B4

現在は使われていないヘリポート。寝そべって夜空を見上げれば、まるで宇宙空間に漂っているような気分になれる。→ P.104

97

ツアーで行く！

集落から歩いて行ける本格トレッキング

乳房山 絶景ウオーク

集落の奥にある登山口を起点に、母島最高峰の乳房山をトレッキング。固有の植物が茂る生命の森には貴重な生き物も生息している。

動植物を見ながらゆっくり歩きましょう♪

フィールドエスコート hilolo
梅野ひろみさん

高低差453mの山は固有動植物の宝庫

　高低差453m（標高463m）の乳房山は父島・母島の最高峰。登山口は宿泊施設が集まる元地集落から歩いて5分ほどとアクセス良好。急な上り坂もあるが、遊歩道が整備されているので自分のペースで登ればそれほど難しいコースではない。ただし歩く時間が長いので体力は必要。歩きやすい靴や紫外線対策などしっかり準備をして、母島の大自然を満喫しよう。
　典型的な湿性高木林の中は、固有植物のオンパレード。メグロやカタマイマイなど固有生物も姿を現す。ガイドさんから母島の地形や生態系についての話を聞きながら、のんびりと登山を楽しみたい。2019年の台風の影響で一部ルートが通行止めになっており、頂上まで行けるのは西ルートのみ（2025年1月時点）。頂上から眺める東側の海は息をのむほど美しい。母島列島はもちろん、天気がよければ父島まで見渡す絶景を心ゆくまで楽しめる。

雨のあとは足元や植物に注意を向けて。カタマイマイなどカタツムリの仲間が見つかるかも！

もっと知りたい！

乳房山に登るなら登頂記念をもらおう

母島観光協会に申し込むと、乳房山登頂記念証が発行される。登頂前に観光協会でキット（300円）を購入し、頂上に設置された看板をクレヨンで写し取って提出。記念証には名前と登頂日が印字されるので、乳房山登山のよい記念になる。

乳房山登頂記念証のキットには、乳房山の簡単な地図と説明も付いている

フィールドエスコート hilolo
MAP 折り込み⑤ B3（乳房山）　交 元地集落から登山口まで徒歩5分　時 8:30～
休 不定休　料 1万円～（送迎付き）　駐車場 なし　予約 メール guide@hahajima-hilolo.com で必要　URL www.hahajima-hilolo.com　※その他の催行会社→P.95

voice　母島は父島に比べて雨が多いのが特徴。晴れの予報だったとしても、雨具は必ず持っていったほうがよい。また時間帯・時期によって肌寒いこともあるので、羽織るものを忘れずに。

98

遊び方

母島 ▶ 乳房山 絶景ウォーク

スケジュール

所要時間	走行距離	体力レベル
約5時間	約5km	🚶🚶

芸術的コケ観賞♪

9:15 熱帯植物に覆われた爆弾の跡地を発見！

帰還する戦闘機が、余った爆弾を落とした跡が残っている。大きくえぐられた地面にはマルハチやシダの仲間などが繁茂し不思議な雰囲気。

徒歩30分

左／雨の多い母島らしく、ほぼ手つかずの湿性高木林が残っている　右／大きく葉を広げるマルハチは、小笠原固有のシダの仲間。森の中で南国らしい雰囲気を醸し出している

8:45 遊歩道の入口は元地集落の外れに

登山口は集落の奥にあり、宿から歩いて行ける。遊歩道が整備されているので自分でも迷わないが、ガイドの話を聞いたほうが楽しめる。

登山口は2ヵ所。西ルートは奥の登山口から登る

徒歩45分

10:00 大きく枝を伸ばす圧巻のガジュマル

映画の世界みたい！

存在感のある大きなガジュマルは外来の植物。かつてこの周辺にはサトウキビ畑と製糖場があり、その時代に持ち込まれたとされる。

左／湿性高木林の中には、ジュラ紀を思わせるシダ類が繁茂する　右／人間が持ち込んだ外来植物だが、島の生態系の一部に

10:30 母島の特別天然記念物メグロを観察

有人島では母島にしかいない鳥、メグロ。乳房山での遭遇率は高く、特に人工水場では水浴びをするかわいいしぐさが見られることもある。

徒歩30分

遊歩道に設置された水飲み場ではメグロなどさまざまな鳥が

徒歩30分

11:00 頂上から東崎と石門崎を一望する

固有種のテリハハマボウ

頂上からは東側の海を一望できる。深い蒼をたたえた海と、緑豊かな岬というフォトジェニックな景観。切り立った岩の荒々しい一面も新鮮だ。山頂か下山途中の休憩所でランチタイムとなる。

透明度の高い海を泳ぐイルカやウミガメなどが見られることも

東ルート 東ルートは緑に囲まれた集落が見もの

東ルート各所にある展望台からは、山に囲まれた集落が見える。家が集まるのはほんの一部で、あとは広大な自然に包まれている。

春から夏は花が咲くシーズン

左／東ルートは頂上へは行けないが、景観がいいので人気　右／東ルートにある展望台からは緑豊かな山に囲まれた集落が見られる

乳房山山頂
通行止め
休憩所（展望台）
小鳥の水場
ガジュマル
小鳥の水場
爆弾の跡地
船木山遊歩道へ
登山口（西ルート）　登山口（東ルート）
START　GOAL
▲小剣先山
＜イメージ図＞

 母島簡易郵便局から手紙を出すとき「風景印をお願いします」と言うと切手の横に風景印を押してもらえる。メグロとザトウクジラ、乳房山が描かれた風景印は母島オリジナル♪

ツアーで行く！

海も山も楽しんじゃう
贅沢な1日

南崎・小富士 ネイチャーコース

母島の南にそびえる小富士と、島で随一の美しいビーチ、南崎を目指すお手軽ハイキング。

アップダウンが少なく安心♪

フィールドエスコート hilolo
梅野ひろみさん

亜熱帯の森を抜けて透明度抜群の海へ

母島でも指折りの景勝地、南崎と小富士を目指すトレッキングツアー。遊歩道に沿ってヤシ科のオガサワラビロウやタコノキが生え、その脇をオガサワラトカゲが走り抜けるなど、南国気分を楽しみながら歩ける。自分で行くなら片道1時間ほどの平坦なコースだが、植物や環境の話を聞きながらのんびり歩くのがガイドツアーの魅力のひとつ。南崎を見下ろす小富士からは、乳房山や平島を望むパノラマビューを満喫。珊瑚礁が広がる南崎はスノーケリングもおもしろいので、個人で行くならスノーケリングセットを持っていってもよい。ただし沖の岩より先は流れが速いので湾内で。

フィールドエスコート hilolo

MAP 折り込み⑤ C5（南崎・小富士）
交 元地集落から遊歩道入口まで車で12分
時 8:30〜13:30 **休** 不定休
料 8000円〜（送迎付き）
駐車場 あり **予約** メール
guide@hahajima-hilolo.com
URL www.hahajima-hilolo.com ※その他の催行会社→P.95

もっと知りたい！
誰でも楽しめる比較的平坦なコース

南崎・小富士コースは、乳房山に比べると平坦な道が続くので、体力に自信がない人も楽しめる。遊歩道は全般的に日差しが入り明るい雰囲気。コースとしてもわかりやすく安心して歩けるが、日陰が少ないので帽子やサングラスを用意しておこう。

緑に囲まれた遊歩道は、歩くだけで母島の大自然を体感できる

スケジュール

所要時間 約5時間　歩行距離 約4km　体力レベル

メグロを探して！

8:45 都道最南端からのんびりスタート
ヤシ科の固有植物が茂る森を、散歩気分でのんびり歩く。メグロやオガサワラトカゲが登場する豊かな森だ。
遊歩道入口もわかりやすい

9:15 貴重な花々が咲くガイド限定エリアも
裏高根を望む崖は、ガイドが同行しないと入れない保護地域。オオハマボッスなど固有植物の花が咲く。
秘密の草原に可憐な花が

10:00 子供たちの遊び場、すり鉢展望台で休憩
赤土がむき出しになった、すり鉢状の地形が印象的。かつて子供たちは滑り台のようにして遊んでいたそう。
休憩所ではまめに給水を

10:30 小富士の頂上から360度の景色を堪能！
小富士は標高86m。南の島々から南崎や乳房山まで、360度の絶景が広がる。12〜5月頃はクジラも。
パノラマビューに感激！

11:30 珊瑚礁が広がる南崎ビーチに到着
透明度抜群の南崎ビーチは、スノーケリングでサンゴと魚の群れが見られる。岩の外には出ないこと。
元気なサンゴが点在する

voice 小富士の向かいに浮かぶ鰹鳥島はカツオドリの繁殖地になっており、春から夏の間はカツオドリの飛び交う姿が見られる。小富士山頂から観察するなら双眼鏡を持っていくとよい。

遊び方

母島▶南崎・小富士ネイチャーコース／小剣先山プチ登山、島内観光ツアー

個人で行く！ 集落から気軽に登れるビュースポット

小剣先山プチ登山
(しょうけんさきやま)

登り口は元地集落の中心地から徒歩数分。標高112mのとがった山を登る。15分ほどのトレッキングコースだが、100mを一気に登るので意外にきつい。頂上付近は岩場になっていて、手を使って登っていくと開けた展望台に到着。頂上からは入り組んだ入江とその周辺にできた集落が見渡せる。海の向こうには向島や平島が浮かぶ。

海がきれいなのは午前中。サンセットもダイナミック

足元に注意！

もうひとがんばり

登ったと思ったら、もうひと山。森を抜けて頂上へ

あとちょっと♪

潮風が心地よい

岩が連なる小高い丘を登る。手でバランスを取って

登山道には柵が設置されているので迷うことはない

港を中心にこぢんまりとまとまった集落を一望できる

MAP 折り込み⑤B3　**交** 登山口まで沖港から徒歩5分　**駐車場** なし

ツアーで行く！ ぐるりと島を巡る定番ツアー

島内観光ツアー

母島日帰りツアーでも参加できる2.5～3時間のツアー。都道最南端の南崎ロータリーから眺望スポットなどを巡って北港まで、ガイドによる歴史や自然解説を聞きながら母島をぐるりと回る。昼食なしのツアーなので、日帰りの場合は父島で弁当を用意しておくのがおすすめ。

母島の北側に位置する北港。天然の湾内には魚がたくさん

眺望スポットの新夕日が丘（→P.104）からは向島や平島など周辺の島々を見渡せる

近くにオオヤドカリの道路標識も

母島の歴史がわかる！

元地集落の外れにあるロース記念館も訪れる

沖港の母島観光協会前に集合

都道最南端の南崎ロータリー

催行会社 →P.95　**MAP** P.102B3（沖港船客待合所）
所要 2時間30分～3時間　**集合場所** 沖港船客待合所または宿に送迎あり　**時** 9:30～12:00　**休** なし
料 6000円～　**予約** 必要

voice 母島はランチを食べるレストランや弁当店などが不定休なので、父島から日帰りツアーで母島を訪れる人は弁当の準備をお忘れなく。島内観光ツアーに参加する場合、ツアーのあとに沖港周辺で食べるのが一般的。予約をおすすめする。

母島(ははじま)

豊かな緑に守られた素朴な島は居心地のよさ抜群!

MAP 折り込み⑤

父島から船で南へ2時間。人口が約430人しかいない母島は、緩やかな時間が流れる素朴な島。父島よりさらに透明度の高い海と、固有植物が繁茂する森が待っている。宿泊施設は沖港周辺の集落にあり、徒歩でアクセスできる登山道や遊歩道も多い。

観る・遊ぶ
手つかずの自然を愛でるネイチャースポット
自然を舞台にした見どころが豊富。集落外にも史跡や遊歩道が点在しているので、レンタカーやレンタバイクを借りておくと便利。

食べる・飲む
食事処は少ないが、島民と仲よくなれる!?
食事処が少ないので、観光客は朝食と夕食は宿で食べ、昼食は弁当というのが定番。弁当も食事処も予約をするのが確実。

買う
ハンドメイドの民芸品などが狙い目
みやげ物店は2〜3軒で品数も少なめ。時間があるなら父島で探そう。漁協売店では父島ギョサンより軟らかい母島ギョサンを販売。

泊まる
港周辺にペンションと民宿が集まる
元地と静沢の集落に、ペンションと民宿が十数軒。どこもこぢんまりとして、穏やかな休日を過ごせる。朝夕の2食付きが一般的。

ココ!

VOICE 母島に到着したら、まずは港の観光協会へ行ってみよう。遊歩道の地図や注意点などの資料が充実している。宿のスタッフが地元ならではの情報を教えてくれることもある。

鮫ヶ崎展望台 さめがさきてんぼうだい

展望台 エリア 静沢　MAP 折り込み⑤ B4

夕日とザトウクジラウオッチングの名所

沖港の端にある、雄大な海を望む展望台。10～3月の夕方はドラマチックなサンセットを眺めに多くの人が集まる。沖には大小の島々が浮かび、冬にはザトウクジラがブリーチングするダイナミックなシーンが見られることもある。

左／脇浜なぎさ公園の裏手にあり行きやすい　右上／朝と夕方にはメジロの姿も見かける　右下／地元の人たちも集まる眺望スポット

🚌 沖港から徒歩10分　🅿 なし

月ヶ岡神社 つきがおかじんじゃ

神社 エリア 元地　MAP P.102B3

南国の木々に覆われ静かにたたずむ神社

船客待合所の裏から階段を上ると、南国の植物が茂る森に小さな神社がある。拝殿の後ろは遊歩道になっており、カルスト地形特有のラピエも見られる。海側には眺望スペースがあり沖港を一望。毎年11月23日には例大祭が開催される。

上／こぢんまりとした、風情ある社殿　左下／階段を上った高い場所にあるので、眺望がいい　右下／手軽に歩ける遊歩道が整備されている

🚌 沖港から徒歩5分　🅿 なし

北港 きたこう

史跡 エリア 北港　MAP 折り込み⑤ B1

休憩舎もありゆったり過ごせる北端の港

島の北側にある港。戦前には周辺に600人が生活する北村集落があった。スノーケリングに最適で、左側に見られるエダサンゴの群生は見事。海中でアオウミガメに出会うことも。

🚌 沖港から車で30分　🅿 あり

石次郎海岸 いしじろうかいがん

海岸 エリア 元地　MAP P.102C3

プライベートビーチ気分で過ごす浜

沖港のちょうど向かい側にある小さな浜。岸壁に囲まれており、隠れ家のような雰囲気。周辺はサンゴが美しく、スノーケリングが楽しめる。湾内なので航路に出ないよう注意。

🚌 沖港から徒歩15分　🅿 なし

御幸之浜展望台 みゆきのはまてんぼうだい

展望台 エリア 評議平　MAP 折り込み⑤ B4

ザトウクジラウオッチングも楽しめる

御幸之浜と南京浜の間にある展望台。周辺は特別保護地域に指定されており、元気なサンゴが見られる。昭和天皇行幸の折にここで生物を採取したことからこの名になった。

🚌 沖港から車で15分　🅿 あり

静沢の森遊歩道 しずかさわのもりゆうほどう

遊歩道 エリア 静沢　MAP 折り込み⑤ B3

戦跡が今なお残る夕日の絶景ポイント

戦跡が点在する遊歩道は3エリアに分かれ、集落から歩いて行けるのが魅力。森の中には砲台や壕の跡が残っている。道路側は島民も集まる夕景スポットとして知られる。

🚌 沖港から徒歩20分　🅿 あり

VOICE 2019年に母島を直撃した台風の影響で、月ヶ岡神社や乳房山の登山道などに大きな被害が出ている。本誌で紹介している写真は台風前に撮影されたものもあり、景観が異なるところもある。

鍾乳洞　エリア 元地　MAP P.102B2
清見が岡鍾乳洞
きよみがおかしょうにゅうどう

ガジュマルの根が垂れる不思議な空間

扉を開けると小さな鍾乳洞が照明に浮かび上がる。山の上に生えるガジュマルの気根が天井から垂れていて、幻想的な雰囲気を醸し出している。見学したいときは母島観光協会へ。

交 沖港から徒歩3分　小笠原母島観光協会→P.134　時 8:00～12:00、13:00～17:00　休 母島観光協会の定休日　駐車場 なし

史跡　エリア 北村　MAP 折り込み⑤ B1
北村小学校跡
きたむらしょうがっこうあと

巨大なガジュマルに圧倒される小学校跡

明治時代中期の1887年に開校した北村集落の小学校跡地。戦前、北村では600人が生活を営んでいた。入口には製糖圧搾機のローラーを重ねた門柱が残されている。

交 沖港から車で30分　駐車場 なし

遊歩道　エリア 西浦　MAP 折り込み⑤ B3
桑の木山
くわのきやま

アカギが林立する植物群落保護林

背の高い樹木が生い茂るさわやかな遊歩道。生えている木はほとんどが移入植物のアカギで、地道な除去活動が行われている。戦前はオガサワラグワが茂っていた。

交 沖港から車で15分　駐車場 あり

仏像　エリア 東港　MAP 折り込み⑤ B2
六本指地蔵
ろっぽんゆびじぞう

森にたたずむ小さなお地蔵さま

小さな祠に2体のお地蔵さまが祀られている。向かって右側の地蔵尊の右手に指が6本あることからこの名で呼ばれる。近くの壕には旧日本軍が設置した探照灯の残骸が残る。

交 沖港から車で25分　駐車場 なし

戦跡　エリア 東港　MAP 折り込み⑤ B2
東港探照灯下砲台
ひがしこうたんしょうとうしたほうだい

緑に覆われて3門の大砲が眠る

標識の脇からジャングルの中に入っていくと、樹木に隠れるように旧日本軍の3門の高角砲が残っている。先端は破壊されているが状態はいい。途中は遊歩道になっている。

交 沖港から車で20分＋徒歩7分　駐車場 なし

景勝地　エリア 西浦　MAP 折り込み⑤ B3
新夕日が丘
しんゆうひがおか

ロマンティックな時が流れる夕日ポイント

坂道の途中に展望スペースがあり、水平線に沈む夕日を眺められる。平島、向島など周辺の島々も見られ、ホエールウオッチングによいビュースポットとしても知られている。

交 沖港から車で10分　駐車場 あり

史跡　エリア 評議平　MAP 折り込み⑤ B4
旧ヘリポート
きゅうへりぽーと

スターウオッチングならここへ

2003年まで災害と急患の搬送に使われていた直径30mのヘリポート。周りに山や高い建物がないので、夜空の星を眺めるには最適なロケーション。星空のほか、野鳥観察にもいい。

交 沖港から徒歩15分　駐車場 あり

景勝地　エリア 静沢　MAP 折り込み⑤ B3
サンセットシアター
さんせっとしあたー

道路脇から水平線に沈む夕日を望む

静沢の森遊歩道の入口付近の道は夕日のベストスポットとして知られ、サンセットシアターと呼ばれている。水平線に夕日が沈み、天候がよいとグリーンフラッシュ（→P.19）が見られることも。

交 沖港から徒歩20分　駐車場 あり

 母島観光協会では、双眼鏡を1日300円で貸し出している。陸からのホエールウオッチングや山での生物観察に重宝するので、持っていない人は借りておこう。

遊歩道　エリア 船木山　MAP 折り込み⑤ B3
船木山の滝
ふなぎやまのたき

メグロが生息するのどかな遊歩道

固有植物のヤシやシダが茂る20～30分ほどの遊歩道。湿地帯には花が咲き、周辺をメグロが飛び回る穏やかな風景が広がる。小さな滝の周囲は樹木が密集し生命感に満ちている。

交 沖港から車で8分＋徒歩20分　駐車場 なし

公園　エリア 静沢　MAP P.102A3
脇浜なぎさ公園
わきはまなぎさこうえん

母島一大きなビーチが広がる

集落に近く、海水浴やスノーケリングを楽しむにも最適な海浜公園。入口近くにはアオウミガメの人工産卵場があり、5～7月には産卵を、7～9月にはふ化を観察できる。春はネムリブカの大群も。

交 沖港から徒歩5分　駐車場 あり

資料館　エリア 元地　MAP P.102C1
ロース記念館
ろーすきねんかん

母島の歴史をひもとく郷土資料館

1913年に母島特産のロース石で建てられた砂糖倉庫を、移築復元した建物。館内には戦前の生活をしのばせる品を展示している。タコノ葉細工体験も（開催日は母島観光協会へ）。

交 沖港から徒歩10分　電 (04998)3-2064　時 8:30～16:00
休 ははじま丸運休日　料 無料　駐車場 なし

創作料理　エリア 元地　MAP P.102C1
アウストロ
あうすとろ

居心地のいいログハウスでくつろぐ

アイランドリゾート母島南風（→P.106）に併設された、小上がり席があるレストラン。さわやかな島レモンを使ったドリンクなどが人気。宿泊客だけでなく島民の利用も多い。

交 沖港から徒歩5分　電 (04998)3-2877
時 18:00～22:00 (L.O.21:00)　休 不定休　駐車場 なし

カフェ　エリア 静沢　MAP P.102A3
88cafe
はちはちかふぇ

何度も訪れたい眺めのいいカフェ

漁港近くにあるオーシャンビューのカフェ。ランチタイムはタコライスやガパオライス各1400円が人気。ショップではセンスのいいTシャツやポーチ、サンダルなども購入できる。

上／海を一望するテラス席　左下／島の果物やはちみつを使用した88パンケーキ 880円～　右下／グッズも人気

交 沖港から徒歩3分　電 (04998)3-2442　時 10:00～16:00 (L.O.15:00) ※ランチ11:00～13:30　休 不定休　カード 可
駐車場 あり　URL www.diveresort-hahajima.com/88cafe

創作料理　エリア 元地　MAP P.102C1
お食事処めぐろ
おしょくじどころめぐろ

地元の人にも人気の居酒屋風レストラン

かわいい外観の一軒家レストランで味わえるのは、島野菜を使った和洋中の多彩なメニュー。島トウガラシが刺激的なチャーハン1480円や特選麻婆豆腐1500円が人気。

交 沖港から徒歩5分　電 090-8103-8840
時 17:00～22:00 (L.O.21:00)　休 不定休　駐車場 なし

居酒屋　エリア 元地　MAP P.102B1
居酒屋漁徳
いざかやりょうとく

アットホームな店内で絶品のカメ料理を！

ペンション漁徳に併設されたアットホームな居酒屋。地元の食材をたっぷり味わえると評判だ。漁師が経営しているので、ウミガメ料理や新鮮な島魚を使ったメニューが充実している。

交 沖港から徒歩5分　電 080-9407-5398　時 18:00～23:00 (L.O.22:00)　休 不定休　駐車場 あり

voice 食事処の少ない母島で魚介が食べたいときに重宝するのが「大漁寿司」（MAP P.102C2　時 11:00～12:30、18:00～22:00）。元地集落にあり、島寿司や握り寿司、島魚の刺身などを味わえる。

テイクアウト　BOOTERS
エリア 元地　MAP P.102C2
ぶーたーず

海を眺めながら食べよう！

朝と夕方にオープンする、島民御用達のテイクアウト専門の総菜店。島魚フライやから揚げなどの総菜、いなり寿司などの軽食が並ぶ。ビールも販売している。

- 沖港から徒歩4分
- なし
- 6:00～8:00、11:00～13:00、16:30～18:30 ※昼は無人
- 火・木・日曜
- 駐車場 あり

おみやげ　LeCiel
エリア 元地　MAP P.102C2
るしえる

楽園気分を盛り上げるアイテムを販売

プチホテル、LeCiel（→P.133）に併設されたおみやげコーナー。小笠原サンゴのお守り、アカギの木で作ったコースターや南国デザインのTシャツなど、母島らしいアイテムが揃う。

- 沖港から徒歩5分
- (04998)3-2139
- 10:00～ ※閉店時間は日によって異なる
- 不定休
- 駐車場 あり

売店は島に3軒だけ！

母島には3つの商店があり、飲食料品などを扱う。農協には定番みやげもあり、漁協では父島のものより軟らかい母島ギョサンが人気。

前田商店
エリア 元地　MAP P.102C2

- 沖港から徒歩3分
- (04998)3-2221
- 8:00～18:00
- 日曜
- ※その他臨時休業あり

農協売店
エリア 元地　MAP P.102C2

- 沖港から徒歩3分
- (04998)3-2331
- 8:00～13:00、16:00～17:30（おがさわら丸出港日は～12:00）
- おがさわら丸出港日の午後と出港翌日 ※その他臨時休業あり

漁協売店
エリア 元地　MAP P.102C2

- 沖港から徒歩3分
- (04998)3-2312
- 8:00～18:00 ※おがさわら丸入港日は17:00前後から営業
- 不定休

ペンション　アイランドリゾート母島南風
エリア 元地　MAP P.102C1
あいらんどりぞーとははじまなんぷー

ていねいなサービスと快適な施設が魅力

島内随一の高級ペンションは、全室にバスとトイレが備わるなどファシリティの充実度が魅力。小上がりに布団を敷くツインルームが7室あり、子供連れにも使い勝手がいい。

上／ツインルームは小さいデスクも備わる快適空間　左下／食事は併設のアウストロで提供　右下／木のぬくもりを感じられるナチュラルなデザイン

- 沖港から徒歩5分
- (04998)3-2462
- 素1万1000円～、朝1万1200円～、朝夕1万5000円～
- 客室数 12室（個室）
- カード 可
- 駐車場 なし

ペンション　クラフトインラメーフ
エリア 静沢　MAP P.102A3
くらふといんらめーふ

ロハスなペンションで優雅な休日を

庭に色とりどりの花が咲く、自然との共生がテーマのナチュラルなペンション。天然素材を利用した施設や低農薬野菜にこだわった料理など、ロハスな休日を過ごせる。館内はバリアフリー。

上／色とりどりの花が咲くガーデン　左下／ツインや和室、コテージなど7種類の部屋を用意　右下／オープンデッキでくつろぐゲストの姿も多い

- 沖港から徒歩3分
- (04998)3-2140
- 朝夕1万2000円～
- 客室数 10室（個室）
- カード 可
- 駐車場 あり
- URL www.lamere-inn.jp

2度目の小笠原は、念願の母島へ。イメージどおりとってものどかな島で、人のあたたかさに癒されました。特に子供たちが知らない人にもきちんとあいさつをしていて感動！（神奈川県　まかろんさん）

| ペンション | エリア 元地 | MAP P.102C2 |

ペンションドルフィン
ぺんしょんどるふぃん

真っ白な建物が母島の空に映える

ジャック・マイヨールも宿泊したという、小剣先山の登山口近くに立つ宿。海を一望できる部屋が人気。アパートタイプの別館（6部屋）もある。

交 沖港から徒歩4分
電 (04998)3-2040　料 素7700円～、朝8800円～、夕夕9350円～
客室数 6室（個室）　駐車場 あり　URL http://www.tsuki-dolphin.com

| ペンション | エリア 元地 | MAP P.102B1 |

ペンション漁徳
ぺんしょんりょうとく

おいしいカメ料理が食べられる宿

漁師が経営するペンションだけに、新鮮な魚介を使った料理には定評がある。旬の魚の刺身はもちろんカメの刺身や、母島風に味つけしたカメ煮込みも評判。

交 沖港から徒歩5分　電 (04998)3-2066　料 素9000円～、朝1万1000円～、夕夕1万4500～
客室数 5室（個室）　駐車場 あり

| ペンション | エリア 静沢 | MAP P.102B3 |

ペンションりゅう
ぺんしょんりゅう

食堂から始まる交流も楽しみ

港から近い静沢集落の高台に立つペンション。広い食堂で出される、島の食材を使った郷土料理が好評。シャワー、トイレが共同の部屋とユニットバスの部屋から選べる。

交 沖港から徒歩3分　電 (04998)3-2051　料 素6600円～
客室数 6室（個室）　駐車場 あり

| 民宿 | エリア 元地 | MAP P.102C2 |

民宿しまてらす
みんしゅくしまてらす

小さな島の小さな宿でリラックス

アオウミガメが上陸する海岸から徒歩1分の民宿。共有キッチンで自炊ができる。ファミリーやグループ向けの4人部屋も快適。レンタバイクあり。

交 沖港から徒歩5分　電 (04998)3-5333　料 素1万3000円～（ルームチャージ）　客室数 3室（個室）　カード 可　駐車場 あり　URL http://www.shimaterrace.com

| 民宿 | エリア 静沢 | MAP P.102B3 |

脇浜ハウス
わきはまはうす

南国の植物に包まれた癒やしの宿

脇浜ビーチまで徒歩2分。全室洋室で、設備が整った素泊まりの宿。共有キッチンとダイニングがあるので、自炊を楽しめるなど過ごしやすいと評判。風呂、トイレは共同で利用する。

交 沖港から徒歩3分　電 090-8576-6413　料 素1万3500円（ルームチャージ）　客室数 4室（個室）　カード 可　駐車場 あり

| 民宿 | エリア 元地 | MAP P.102B1 |

民宿メグロ
みんしゅくめぐろ

緑に囲まれた宿で自然を満喫

バス・トイレ共同の素泊まりの宿。自炊設備が整っているので、暮らすように自然体の休日が過ごせる。オーナーが農家なので、取れたフルーツを差し入れてくれることも。

交 沖港から徒歩4分　電 (04998)3-2027
料 素7500円～　客室数 4室（相部屋）　駐車場 あり

| 民宿 | エリア 元地 | MAP P.102C2 |

民宿つき
みんしゅくつき

アットホームなサービスがうれしい

来島のたびに利用するゲストも多く、居心地のよさが評判の素朴な民宿。全室個室なのでプライバシーも守られている。弁当の注文もできる。

交 沖港から徒歩4分
電 (04998)3-2040　料 素6500円～、朝7500円～、夕夕8500円～
客室数 5室（個室）　駐車場 あり　URL http://www.tsuki-dolphin.com

| ゲストハウス | エリア 静沢 | MAP P.102B3 |

アンナビーチ母島
あんなびーちははじま

2階からの眺望が気持ちいいゲストハウス

カナディアンスタイルの黄色い建物が目印。2階にある眺めのいい客室は男女別のドミトリータイプ。島の食材を使った料理にも定評がある。

交 沖港から徒歩3分　電 (04998)3-2468　料 素5300円～、朝6200円～、夕夕7900円～　客室数 4室（相部屋）　駐車場 あり

家族で南崎まで行ってビーチでお弁当＆スノーケリング。ワイビーチにも寄りました。東京都の端っこでスノーケリング、なんだか冒険気分で最高でした。でも帰りはぬれた水着やタオルを背負って歩くのがしんどかった！（東京都　ママカメさん）

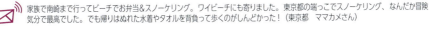

小笠原 島人インタビュー 3
Islanders' Interview

"島フラ"は島を誇りに思う気持ちを表現する手段なんです

島フラは海開きやフラ・オハナなどの島内イベントのほか、都内で開催されている「アイランダー」「島じまん」などでも見ることができる

ナァ・プア・ナニ・オ・マクア主宰　猪村 真名美（いむら まなみ）さん

島で暮らす人々にとって"島フラ"は生活の一部

小笠原にはアメリカから日本に返還されたあとに生まれた新しい文化が多い。島塩やガラス工房、スティールパンなどはいずれも若者が中心となって生み出したもの。オリジナルの歌に合わせて踊る島フラもそのひとつ。

「島のフラは今年で28周年なんですよ（※）」そう教えてくれたのは、ハワイ仕込みのフラをもとに島民にフラを教え、小笠原独自の島フラを育ててきた猪村真名美さん。

「今、島にいる子供たちは生まれたときからフラに触れてきました。島フラは小笠原の文化として、しっかり島に根づいているんです」と真名美さんは言う。

お遊戯を踊るように島フラに親しんでいる島の子供たち。島内で開催されるイベントや歓迎会でフラが披露されると、小さな子供も決まって一緒に踊り出す。

もちろん大人にとっても島フラは大切なもの。島の生活や風景を歌にして、島のことを思いながら踊る表情は、島民であることの誇りにあふれている。

最大のイベントは夏に開催される「フラ・オハナ」

そんな"島フラ"の集大成ともいえるのが「フラ・オハナ」。父島で毎年8月に開催されるサマーフェスティバルのメインイベントのひとつだ。母島からもフラのグループが駆けつけ、老若男女、多いときでは200人近い島民が趣向に満ちたフラを披露する。ハワイ伝統のフラのほか、小笠原古謡やオリジナルの島唄、歌謡曲に合わせて踊ることもある。

「自由な表現ができるのも島フラのよいところ。でも歌謡曲に合わせて踊るのって、けっこう難しいんですよ。レベルに合わせてクラスを設けていますが、日本語の曲は細かな描写の言葉が多く、振り付けには苦労しています」

これまでフラの指導のみならず、島内外のイベントの調整なども引き受けてきた真名美さん。今ではイベント部がその役割を担い、フラを伝える人材も育って習いたい人も増え続けている。真名美さんが直接指導することを減らした時期もあったが、現在は初心に戻り、フラを始めたばかりの保育園の年長クラスなど、約10クラスを指導する。

「みんなには、そろそろ客席からフラを見せてほしいと言っているのですが、まだまだ先の話になりそうです（笑）」

※2025年1月現在
URL: puanani087.org

島でのできごとをコミカルに伝える島フラには男性の姿も多い。ユーモアたっぷりのしぐさで観客を笑わせてくれる

写真提供：冨田マスオ

歴史と文化を知れば、もっと小笠原を好きになる

小笠原の深め方
More about Ogasawara

小笠原諸島は大陸と一度も陸続きになったことがない海洋島。

独自の環境下で唯一無二の生態系を育んできた小笠原について、

地理や歴史、文化を学んで、より深く島旅を楽しみたい。

特異な環境をもつ東洋のガラパゴス
小笠原の地理と産業

太平洋に浮かぶ常夏の楽園

　東京から南へ約1000～1800kmの海域に連なる小笠原諸島。聟島（ケータ島）列島と父島列島、母島列島からなる小笠原群島を中心に、その南約250kmの火山（硫黄）列島や沖ノ鳥島、南鳥島、西之島など30余りの島々で構成される。

　父島は北緯27度に位置し、沖縄と同じ亜熱帯海洋性気候。年間平均気温は23度あり1年を通して温暖で、年間降水量は約1300mmと東京より少なめ。梅雨前線は小笠原の北に停滞するため梅雨はないが、ゴールデンウイーク明けから1ヵ月くらい雨天が続くことも。夏は台風が小笠原の南海上で発生することが多く、直撃はまれなものの、海が荒れておがさわら丸の運航に影響することがある。

火山活動によって形成された島々

　小笠原諸島は海底火山と火山島が海面上に現れたもので、父島や母島は4800万～4400万年前に形成された。小笠原諸島が位置するフィリピン海プレートの東端に、太平洋プレートが沈み込みを始めたのは5000万年前頃。4800万年前頃には、フィリピン海プレートの深部から湧き出る高温のマントルと、太平洋プレートから絞り出された水などが浅い場所で融合し、無人岩マグマが発生。父島列島や聟島列島の骨格となる海底火山群が形成される。4400万年前頃になると、沈み込んだ太平洋プレートによって浅部のマントルが冷やされ、無人岩マグマの発生は止まる。代わりに、深部の高温のマグマが溶けて玄武岩マグマとなり、母島列島になる火山島が誕生する。

日本の200海里水域の3分の1を占める海

　伊豆諸島南部の八丈島からも約700km離れた小笠原諸島。日本最南端である沖ノ鳥島は領土の中で北回帰線の南にある唯一の島であり、最東端の南鳥島は日本海溝を越えて太平洋プレートにのる唯一の島。これらを含めた小笠原諸島のすべてが東京都小笠原村に属し、その沿岸は国連海洋法条約による日本の排他的経済水域、いわゆる200海里水域に認められている。200海里とは沿岸からおよそ370kmの距離で、太平洋に浮かぶ小笠原諸島が占める割合は、日本の200海里水域のおよそ3分の1。水域内ではカジキやマグロなどの高級魚が水揚げされるほか、中国漁船による密漁が問題の宝石サンゴが採取されるなど、豊かな海が広がっている。

1年中温暖でヤシやハイビスカスが見られる父島の市街

ハートロックと呼ばれる父島南端の千尋岩。ハート部分の両脇下部が無人岩

どこまでも続く水平線。豊饒の海を守るため漁もルールが定められている

小笠原を支える産業

農業
甘くてみずみずしいフルーツ

亜熱帯性の気候を利用し、パッションフルーツやマンゴー、パパイヤなどの南国の果物や、トマト、オクラ、ジャガイモ、トウガラシなどの野菜が栽培されている。

甘酸っぱさが魅力のパッションフルーツ。熟すと皮が赤紫に色付く

漁業
高級な魚介類の宝庫

メカジキやクロマグロ、カンパチといった回遊魚のほか、イセエビやアオリイカなどが水揚げされる。シマアジやイシダイ、アカハタの養殖も行われている。

1kgにつき3000円以上の高値がつくイセエビ。水揚げ後は急速冷凍される

観光業
大自然にどっぷりつかる！

海ではダイビングやドルフィンスイム、陸ではトレッキングや固有種観察ツアーなど、アクティビティが充実。世界自然遺産の島として世界中から観光客が訪れる。

子供から楽しめるドルフィンウオッチング＆スイムは小笠原の旅のハイライト

ラム酒製造
カクテルのベースに最適

小笠原では1800年代から戦前まで、サトウキビ栽培と並行してラム酒が造られ、母島で製造再開していたが2024年惜しまれながら閉鎖。在庫のみの販売となっている。

小笠原ラムはクセがなくさっぱりとした味わい

voice 小笠原群島の周辺海域で行われるカジキ漁。ソデイカを餌に水深400～700mのポイントを狙うもので、小笠原式深海たて縄漁と呼ばれる。400kgを超えるメカジキが水揚げされることもあり、小笠原でトップの漁獲金額を誇る。

小笠原の地理と産業
Geography of Ogasawara

太平洋上に散在する30余りの島々からなる小笠原諸島。
海洋性孤島の成長過程が見られる地球上でも希有な場所で、
観光業を中心に、島の地理や環境を利用した産業が注目されている。

深海にダイオウイカも！陸に海に生物多様な島

小笠原諸島は、大陸と一度も陸続きになったことのない海洋島。海を越えてたどり着いた生物が、競争相手が少ない環境のなかで分布を拡大。それぞれの場所で生活がしやすい形に進化していった結果、小笠原でしか見られない多くの固有種が誕生した。その数は、植物（維管束植物）で36%、昆虫類では28%、陸産貝類では94%にのぼる。

さらに、太平洋に浮かぶオアシスとしてツバメやサギなどさまざまな渡り鳥が訪れるほか、周辺海域にはミナミハンドウイルカやマッコウクジラが生息。2013年には父島の東沖の深海で、世界で初めて生きているダイオウイカが撮影され話題となった。今後もどんな生物が現れるかわからない神秘の海域だ。

小笠原諸島に300〜400匹のみ生息するオガサワラオオコウモリ

海底火山の噴火で誕生！ 西之島

西之島は、父島から西へ約130kmに位置する無人島。1973年4月頃から始まった海底火山の活動によって拡大。2013年11月20日には島の南東で噴火が確認され、さらに新たな陸地（新島）が誕生。12月には西之島と新島とが結合し、ひとつの島となった。

▶ **2013年11月20日**
西之島の南東に新島誕生
西之島の南東約500mで噴火が確認され、最大幅150mほどの新島が誕生。溶岩流が大量に噴出し、海上に拡大を続ける。

▶ **2013年12月26日**
新島が西之島に結合
絶えず噴火を繰り返しながら拡大する新島の先端が西之島に到達。西之島との間にあった海水を飲み込みひとつの島に。

▶ **2014年7月23日**
溶岩に覆われる西之島
複数の火口が噴火を繰り返し、旧西之島の大部分が溶岩に覆われる。新たな陸地は東西約1550m、南北約1070m、高さ約75mに。

▶ **2015年11月17日**
火山活動が縮小傾向に
新島誕生から2年。噴火は続くものの、溶岩の流出などが収まっていく。新たな陸地は東西約1900m、南北約1950mに。

▶ **2016年10月20日**
噴火後初の調査団が上陸
外来種をもち込まないように、島の沖合約30mから泳いで上陸。カツオドリなどの海鳥が確認された。

▶ **2017年4月〜現在**
溶岩と火山灰に覆われ新たな大地を形成
2017年より再び噴火が活発化。2019年12月以降の火山活動で、溶岩と火山灰に覆われた大地では生物相がリセットされた状態になり、土壌や生態系の形成を観察できる場所として注目されている。現在も小規模な噴火を繰り返している。

写真提供：海上保安庁

コーヒー栽培
日本初のコーヒー農園

1878年に始まった小笠原のコーヒー栽培。第2次世界大戦の全島民疎開で途絶えるも、現在は数軒の農家が復興。生産数が少なく幻のコーヒーと呼ばれる。

父島のコーヒー山で栽培されるコーヒーの木。白い花を咲かせる
写真提供：小笠原村観光局

そのほかの食品製造業
おみやげに困ることナシ！

小笠原の海水から取り出した自然塩や島トウガラシを漬けた酢、ラー油、島で取れたはちみつなど、豊かな自然環境に育まれた多くの食材が加工されている。

島ラー油や島塩など、島の食材を使った調味料は人気のおみやげに

隕石と同じくらい珍しい!?
ボニナイト

小笠原でチェックしたいのが、父島が誕生する際にマグマが冷え固まってできた無人岩（ボニナイト）と呼ばれるガラス質の岩石。隕石に含まれることが多い単斜エンスタタイトという鉱物が見られる地球上で唯一の岩石で、千尋岩の周辺などに大きく露出している。さらに、濃緑色の結晶をもつ古銅輝石という鉱物も含み、釣浜では風化して砂状となった「うぐいす砂」と呼ばれる緑の粒子を観察できる。

釣浜のうぐいす砂。無人岩が風化して古銅輝石の結晶のみが残ったもので、緑色をしている
写真提供：環境省

小笠原のルーツを知るうえで興味深いのが、母島の御幸之浜などで見られる貨幣石。数千万年前に絶滅した有孔虫の化石で、九州南方の海底からも同時代で近縁の貨幣石が見つかっていることから、かつて小笠原は現在の九州付近に位置していたと推測できる。

小笠原の歴史
太平洋の真ん中に浮かぶフロンティアの島

年表

安土桃山時代
- **1543年** スペインの戦艦サン・ファン・デ・レトラン号に火山（硫黄）列島が発見されたと伝わる。
- **1593年** 信州深志（松本）城主の小笠原長時の孫、小笠原貞頼が小笠原を発見したと伝わる。

江戸時代
- **1639年** オランダ船のエンゲル号とフラフト号が父島と母島を通過して本土に戻り幕府に報告。
- **1670年** 阿波国のミカン船が母島に漂着。父島と智島を通過して本土に戻り幕府に報告。
- **1675年** 幕府の命で嶋谷市左衛門らが父島に上陸。方位測定を行い、鉱石や動植物を採取する。
- **1785年** 林子平が記した地理書『三国通覧図説』に「本名小笠原と云う」と紹介される。
- **1830年** 欧米人5人とハワイの原住民二十数人が父島に上陸。奥村に住居を建て最初の居住者に。
- **1853年** ペリー提督が率いる米国東インド艦隊が、浦賀へ向かう途中に父島へ来航。
- **1861年** 幕府が咸臨丸を派遣。先住者の保護を約束して父島周辺であることの同意を得る。
- **1863年** アメリカで西洋式捕鯨を学んだジョン万次郎の指導で父島周辺で捕鯨開始。

明治
- **1876年** 国際的に日本領土と認められ、内務省所管とし移民を送る。
- **1880年** 東京府の管轄となり、東京府小笠原出張所を設置。
- **1882年** 欧米人など外国籍をもつ先住者のすべてを日本に帰化させる。
- **1886年** 小笠原出張所を廃止し、小笠原庁を設置。
- **1890年** 父島製糖同業組合が組織され、サトウキビの栽培が本格化。
- **1891年** 硫黄列島が小笠原島庁の所轄となり、硫黄島が正式に日本領となる。
- **1898年** 南鳥島が小笠原島庁の所轄となる。
- **1899年** 横浜〜父島便が年12便に。後に24便となる。父島〜母島便は月2便が就航。

大正
- **1920年** 父島大村に陸軍築城部父島支部を設置。
- **1921年** マリアナ諸島が日本の委任統治領となったことで中継基地としてにぎわう。

昭和
- **1926年** 小笠原庁が小笠原支庁と改められる。
- **1927年** 昭和天皇が戦艦山城で父島と母島に行幸する。
- **1931年** 沖ノ鳥島が小笠原支庁の管轄となる。
- **1939年** 父島西町と洲崎飛行場に海軍航空隊を配置。
- **1940年** 大村、扇村袋沢村、沖村、北村、硫黄島村の5村に村制を施行。
- **1944年** 小笠原全域に空襲。島民6886人が本土に強制疎開。残留者は825人。
- **1946年** 米軍の直接統治の下におかれる。欧米系の島民129人のみ父島へ帰島。
- **1952年** 対日講和条約の発効により、各村役場および小笠原支庁が廃止される。
- **1965年** 東京都による硫黄島墓参事業開始。

江戸時代前期
太平洋に浮かぶ無人島を発見
小笠原諸島は小笠原貞頼が発見し命名したとされるが定かではない。確かなのは1670年に漂着したミカン船で、伊豆に戻り下田奉行所を通し幕府に報告。調査が開始され日本の領有を主張する碑を設置した。当時は「無人島（ぶにんしま）」と呼ばれこれが英語表記の「Bonin Island（ボニンアイランド）」の由来。

父島奥村の外国人住家。島には現在も欧米系の人々が暮らす

写真提供：小笠原村教育委員会

江戸時代後期〜明治初期
世界でいち早く領有権を主張
人々が小笠原諸島に定住したのは江戸時代後期、アメリカ人のナサニエル・セーボレーら二十数人。当時盛んだった捕鯨を生業とするため、小笠原は格好の基地だった。その後もペリー提督が父島に来航したほか、欧米諸国が領有を宣言したが、先の幕府の調査報告が決め手となり、日本領と認められた。

捕鯨の基地として戦前まで栄えた。1925年撮影のザトウクジラ

小笠原でコーヒー栽培が始まったのは1878年。戊辰戦争で旧幕府軍を率いた榎本武揚の命だったといわれる。インドネシアのジャワ島から持ち帰ったコーヒーの苗木を父島北袋沢の試験場で栽培するも、事業としては長続きしなかった。

小笠原の歴史

History of Ogasawara / 深め方

東京から1000kmも離れた海域にポツンと浮かぶ小笠原諸島。長い間訪れる人もなく、動植物の楽園としての歴史を刻んだ島々は、いつ発見され、どう発展していったのか？ その歴史をひもとこう。

年表

昭和

- **1967年** 佐藤・ジョンソン会談で、小笠原返還について合意がなされる。
- **1968年** 小笠原返還協定が調印され返還。小笠原村発足。東京都小笠原支庁等の行政機関を設置。
- **1972年** 東京〜父島、父島〜母島に定期航路が就航。椿丸が東京〜父島を44時間で結ぶ。
- **1972年** 小笠原諸島が国立公園に指定される。
- **1973年** 父島丸就航。東京〜父島は片道38時間。母島出張所および母島支所を設置。
- **1975年** 西之島近海で海底噴火。火山活動は翌年まで続き、隆起した新島が西之島と結合。
- **1979年** 南硫黄島が日本初の原生自然環境保全地域に指定される。
- **1983年** 初代おがさわら丸就航。東京〜父島は片道28時間。初代ははじま丸就航。
- **1985年** 硫黄島で日米の元軍人、退役軍人ら400名による合同慰霊祭。
- **1987年** 通信衛星によって電話のダイヤル即時通話が可能に。
- **1987年** 戦前から重要産業であった捕鯨が商業捕鯨禁止により終了。

平成

- **1991年** 2代目はじま丸就航。
- **1993年** 小笠原諸島発見400年・返還25周年記念式典を開催。
- **1994年** 天皇・皇后（現・上皇および上皇后）が硫黄島と父島、母島を行幸啓する。
- **1996年** テレビ地上派放送開始。
- **1997年** 2代目おがさわら丸就航。東京〜父島は片道25時間30分。
- **2011年** 小笠原諸島がユネスコ世界自然遺産に登録される。
- **2013年** 西之島南東で火山活動。溶岩流が新島を形成し、西之島と結合。
- **2016年** 3代目おがさわら丸就航。東京〜父島は片道24時間。3代目ははじま丸就航。
- **2018年** 小笠原諸島日本復帰（返還）50周年記念式典を開催。

令和

- **2019年** 母島で栽培されたカカオを使ったチョコレート「TOKYO CACAO」の販売開始。
- **2023年** 硫黄島の沖で噴火が発生し、新しい島が出現した。

硫黄島の戦い略年表

- **1943年9月** 北硫黄島に海軍飛行場滑走路が完成。爆撃機の離着陸が可能に。
- **1944年3月** 父島の小笠原地区兵団から陸軍部隊が進出。伊支隊として発足（厚地兼彦大佐以下4883名）。
- **4月** 学校校庭が軍用物資の集積所に。
- **5月** 米軍機が来襲し、硫黄島神社付近を爆撃。
- **6月8日** 小笠原諸島所在部隊を改編し第109師団編成。栗林忠道中将着任。
- **6月15日** 初めて艦載機（軍艦に搭載された爆撃機）の空爆を受ける。
- **6月16日** 約100機の爆撃機が来襲し全島被害。軍部から学校閉鎖の要請および学童の疎開勧告。
- **7月3日** 硫黄島から村民疎開。第1陣から第3陣まで10日以上を要す。
- **1945年2月16日** 米軍上陸。戦闘開始。
- **3月21日** 大本営が硫黄島守備隊の玉砕を発表。
- **1946年1月29日** 父島や母島とともに米軍の統治下におかれる。

明治中期〜昭和中期
亜熱帯の農園から軍事要塞へ

八丈島などから入植者が増え、開拓が進む。本土との定期航路も開設され、農業を中心に産業が安定。亜熱帯の気候を生かした果物や野菜が高値で売買され好景気に。トラック諸島やサイパンなど南洋の島々への中継地として重要な位置を占めるようになり、戦時中の軍事基地へと引き継がれていく。

大きな農具を使ってサトウキビを搾って製糖する風景

昭和後期〜平成
貴重な自然に世界中が再注目

第2次世界大戦の戦局が悪化すると、島民は本土へ強制的に疎開させられた。敗戦が決まり、米軍の統治下におかれた島への帰島が認められたのは1968年。島の復興や開発が進められた。豊かな自然を利用したエコツアーの島として人気を集め、2011年には世界自然遺産に登録。あらためて世界中から注目される島となる。

強制疎開となる前の父島大村。食事処や商店が並ぶ

上／父島に建てられたキリスト教の教会
左／戦前は小笠原産のバナナやコーヒーが本土へ送られていた

---

voice 1876年に郵便汽船三菱会社（現在の日本郵船）によって開拓された小笠原航路。戦前までは芝園丸がサイパン航路の途中で父島に寄港し、東京〜小笠原〜硫黄島を8日間で結んでいた。小笠原海運が設立されたのは1969年。

小笠原の自然を守るために
小笠原エコツーリズムのルール

小笠原諸島の大部分が国立公園に指定されている

小笠原諸島は、島々と海洋の織り成す優れた景勝地として、父島と母島の市街地を除く大部分が国立公園に指定されている。国立公園エリアは、特別地域と普通地域、海洋公園地区に区分され、特別地域はさらに第1〜3種特別地域と、特に重要な特別保護地区との4つのエリアに分けられている。

国立公園内では、自然公園法に従って、その貴重な景観と風致を守るために動植物や土石の採取、捕獲、開発行為など、さまざまな行為が制限されている。また、父島と母島においては全面積の60%が国有林に指定されており、森林生態系保護地域に入るにはガイドの同行を必要とするなど、ルールが決められている。

▶問い合わせ先 Ⓐ Ⓑ Ⓒ Ⓕ Ⓖ

エコツーリズムに基づく南島、母島石門の特別ルール

エコツーリズムとは「自然環境や歴史文化を対象とし、それらを体験し学ぶとともに、対象となる地域の自然環境や歴史文化の保全に責任をもつ観光のありかた」とする概念。小笠原は、貴重な自然を守りながら観光利用を図る東京都版エコツーリズムのモデル地区。南島と母島石門一帯に立ち入る際は、都が認定した自然ガイドが同行したうえで、滞在時間や経路の制限を守り、自然に存在するものはそのままの状態にする、などのルールを設定している。

▶問い合わせ先 Ⓒ Ⓓ

さらに、母島石門では靴底の泥や衣服に付いた種子などを入林前に落とす、携帯トイレを携行するといった自主ルールが定められている。

▶問い合わせ先 Ⓗ

小笠原で必ず守りたい自然と共生するためのルール

国や都といった行政主導のエコツーリズムに関する法律や条例とは別に、小笠原を訪れるすべての人が守るべきルールやマナーがある。これを誰にもわかりやすく明文化したものが小笠原カントリーコードで、1999年8月に定められた。

「自然と共生するための10ヵ条」と名づけられた具体的な内容は左下の囲みに紹介したとおり。いずれも特に難しい内容でも厳しい規制でもなく、意識すれば守ることができる常識的なものばかり。貴重な小笠原の自然を後世に引き継いでいくためには、すべての観光客の理解や協力が不可欠。環境にストレスを与えないように、旅行前にカントリーコードを頭に入れておこう。

▶問い合わせ先 Ⓐ

散策路が整備された保護地域。自然にストレスを与えないようにその上を歩く

母島列島にしか生息していない貴重な動植物を観察できる母島石門

ガイドの指示やカントリーコードを守りながら小笠原の大自然に親しもう

小笠原カントリーコード
〜自然と共生するための10ヵ条〜

1. 貴重な小笠原を後世に引き継ぐ
2. ゴミは絶対捨てずに、すべて持ち帰る
3. 歩道をはずれて歩かない
4. 動植物は取らない、持ち込まない、持ち帰らない
5. 動植物に気配りをしながら、ウオッチングを楽しむ
6. 珊瑚礁等の特殊地形を壊さない
7. 来島記念などの落書きをしない
8. 全島キャンプ禁止となっているので、キャンプはしない
9. 移動はできるだけ自分のエネルギーを使う
10. 水を大切にし、トイレなど公共施設をきれいに使う

法、条例、自主ルールに関する問い合わせ先

Ⓐ	環境省小笠原自然保護官事務所	☎ (04998)2-7174
Ⓑ	環境省母島自然保護官事務所	☎ (04998)3-2577
Ⓒ	小笠原支庁土木課	☎ (04998)2-2165
Ⓓ	小笠原村産業観光課	☎ (04998)2-3111
Ⓔ	小笠原村観光協会	☎ (04998)2-2587
Ⓕ	小笠原総合事務所国有林課	☎ (04998)2-2103
Ⓖ	小笠原諸島森林生態系保全センター	☎ (04998)2-3403
Ⓗ	母島自然ガイド運営協議会	☎ (04998)3-2300

VOICE 小笠原が国立公園に指定されたのは1972年。その範囲は、父島と母島の集落および農業地域、立ち入りが制限されている北硫黄島と南硫黄島、孤立島である南鳥島と沖ノ鳥島を除いた全域。およそ66.29km²の陸地と、その周辺海域からなる。

小笠原エコツーリズムのルール

森や海など全域に貴重な動植物が暮らす小笠原諸島。
豊かな自然を守るため、本格的なエコツーリズムが進められている。
自然遺産に登録された世界の共有財産を未来へと引き継いでいきたい。

Ecotourism of Ogasawara

個別の動植物に関する自主ルールとガイドライン

小笠原には、島の団体が有識者の意見を取り入れて自発的に作ったルールが複数ある。アクティビティや散策で以下に挙げる動植物と接した際には注意が必要。

◆クジラ＆イルカ
クジラやイルカにアプローチできる船の台数や、エントリーできる回数などが決められている。ボートキャプテンの指示に従うこと。　→ P.60、63

◆オガサワラオオコウモリ
ライトを使用して探すことができるのはガイドだけ。フラッシュを使用した撮影はガイドの判断で状況が許したときのみ、1カット限定で可能。見学者は最大10人程度で静かに行動し、ほかのツアーとバッティングしたときは同時にひとつのライトで一緒に見学するか、時間をずらすこと。餌づけは絶対にしない。冬季は集団でねぐらに立ち入らず、ほかの時期も控える。
▶問い合わせ先 **Ⓔ**

◆グリーンペペ（ヤコウタケ）
基本的に道端から観察する。グループごとに順番で見るなどガイドの指示に従って観察し、持ち去らない。
▶問い合わせ先 **Ⓔ**

アカガシラカラスバトサンクチュアリの入口にはルールを示す立て看板が

◆アカガシラカラスバト（東平サンクチュアリ）
許可を受けたガイドが同行し、指定されたルートのみを利用する（ルートによっては事前に森林生態系保護地域についての講習を受ける）。林内歩道は繁殖期間である11～3月は入林禁止。出合った際は、10m以内には接近せずハトを取り囲まない。餌を与えず、急に行動したり大きな声を出したりしない。撮影時はフラッシュの使用は禁止。
▶問い合わせ先 **ⒻⒼ**

◆ウミガメ
産卵の時期にナイトウオッチングへ出かける際は、ウミガメを驚かせないようにライトは足元だけを照らす。遭遇したら動かず、大きな声を出さない。昼夜問わず見かけたら小笠原海洋センター（→ P.86）に連絡。
▶問い合わせ先 **Ⓔ**

小笠原の生態系を守る外来生物対策

ほかの陸地と一度もつながったことのない小笠原では、生物が独自の進化を遂げてきた。しかし、そこに人によって持ち込まれた外来生物が侵入すると、生態系が崩れ、固有生物が減少してしまうおそれがある。

小笠原を訪れる際は、靴や服に付いた土や泥から生物や種子を持ち込まないように注意し、ペットはきちんと管理する。島と島を移動するときは荷物に外来生物がまぎれ込んでいないか確認し、泥落としのマットが設置されている場合は利用する。東京へ戻る際は、小笠原に生息するアフリカマイマイやゾウムシ類などの害虫の移入を防ぐため、荷物や衣服への付着を確認するほか、サツマイモやアサガオなど寄生している危険のある植物は持ち帰り禁止。

マットやスプレーを使って靴や服に付着した泥、種子を落とす

小笠原の生態系を脅かす 特定外来生物

●グリーンアノール
イグアナ科に属するトカゲ。繁殖力が非常に強く、父島と母島では樹上性かつ昼行性の昆虫が激減。チョウの仲間のオガサワラシジミは絶滅寸前まで個体数を減らしている。

尾を除いた体長は5～7cm。体色は鮮やかな緑色だが黒褐色にも変化

●オオヒキガエル
全身にイボ状の凹凸がある10cm前後のカエル。多産で1年中繁殖し、昆虫や小動物を捕食。両目の後ろの耳腺からミルク状の毒液を飛ばすこともあり人体にも害がある。

●ニューギニアヤリガタリクウズムシ
体長4～6cm程度のヒルの仲間。カタマイマイ類など陸産貝類にとって最大の脅威。父島でのみ確認されており、靴裏の泥に付着して他の島へ拡散されるのを防ぐことが大切。

●ヒアリ
体長2.5cmほどの南米原産のアリ。小笠原では確認されていないが日本各所に流入。繁殖力が高く競争力が強いため、在来のアリを駆逐し生態系を崩す懸念がある。

出発前にチェック！ 小笠原ルールブック

貴重な生物を守ろう！

小笠原村観光協会
デジタルパンフレット

 小笠原に来遊するウミガメは、アオウミガメやアカウミガメ、タイマイなど。おもに見られるのはアオウミガメで、5～8月頃の夜間に砂浜に上陸して産卵し、1シーズンで合計400～500個の卵を産む。ふ化した子ガメは7～10月頃に海へ戻る。

独自の進化を遂げた唯一無二の生態系を守る
世界遺産の島 小笠原諸島

世界遺産登録に沸いた小笠原諸島

2011年6月24日、小笠原諸島が世界自然遺産に登録されることが発表された。大陸と一度も陸続きになったことのない海洋島には、独自の進化を遂げた数多くの動植物が生息している。その証拠として、小笠原でしか見ることができない固有種の割合は、植物の36％、昆虫類の28％、陸産貝類の94％を占める。この地球上でも希有な生態系が評価されたのだ。

世界遺産への登録を受けて小笠原諸島の観光客は急増。2016年には唯一の交通手段であるおがさわら丸がリニューアルされ、今までより多くの乗客を運べるようになった。登録から10年以上がたち、世界に誇る貴重な自然環境をどのように保持して未来へ残していくかが、小笠原の島民と訪れる観光客の課題になる。

自然環境に適応した生物

山の標高が低く雲ができにくい父島や兄島には、乾燥した気候に適応した植物からなる乾性低木林が広がっている。対して、標高が高い母島は雲や霧に包まれることが多く、湿性高木林を見ることができる。

このように、同じ小笠原諸島のなかでも、それぞれの樹木が環境に合わせて進化し、世界的にもまれな固有植物の森林を形成。小動物や昆虫も固有種が多く、独自の生態系を支えている（→ P.33、34）。

左／小笠原諸島の森林にのみ生息するアカガシラカラスバト
右／降水量が少ない父島の山陵を覆う乾性低木林。乾燥を防ぐため小さく厚い葉をもつなど、葉の形も植物ごとに独自に進化している

左／母島の固有種であるメグロ。その名のとおり目の周囲が黒い
右／高い山が多い母島には湿性高木林が広がる。雨や湿気を好む背の高い木々が並ぶ姿は、南国の熱帯林らしい風景

小笠原諸島の中で世界遺産の区域となっている島は聟島列島、父島列島、母島列島、火山（硫黄）列島のうちの北硫黄島と南硫黄島、西之島。父島と母島では、集落地などを除いた陸域と、周辺海域の一部が指定されている。

世界遺産の島 小笠原諸島

ユネスコの世界自然遺産に登録され、世界中から注目を浴びる小笠原諸島。大陸から孤島へと海を渡ってきた生物が独自の環境下で進化し、小笠原にしかない特異な生態系を見せている。

さまざまな進化の形

もともと同じ種類の生物が、環境の違いによって適した形や色へ進化し、多くの種に分かれることを適応放散という。ここに挙げる動植物が顕著な例。

独自に分化した植物

父島にはムニンノボタン、母島にはハハジマノボタン、北硫黄島にはイオウノボタンが分布するが、それぞれ花弁の数や色が異なる。また、ウラジロコムラサキやムニンアオガンピは、ひとつの花に雄しべと雌しべがある両性花だったが、オスの花をつける株とメスの株に分かれたものが見つかっている。安全に多様な子孫を残すためと考えられる。

左／父島の固有種であるムニンノボタン。花弁は白く4枚　右／ハハジマノボタンは薄紅色で5枚
写真提供：小笠原村観光局

陸産貝類の多様性

小笠原にたどり着いた陸産貝類は、島内のさまざまな場所へ分布。天敵や競争相手が少ない環境下で独自の進化を遂げた。特にカタマイマイの仲間は木の上へと生活環境を移すものも現れ、多くの種類へと分化する。樹上性の種の殻は背が高く小型で葉に似た色、半樹上性の種は扁平、地上性の種は背が高く地面に似た色であることが特徴。小笠原世界遺産センター（→ P.86）では希少なマイマイを保護増殖しており、その様子を観察できる。

左／地上性のカタマイマイは樹上性に比べて大型で、土の色に合わせた殻の色になる
上／樹上性のキノボリカタマイマイ。殻が小さく淡い色に進化した

草から木へと進化した植物

もともと草である植物が、海洋島という特殊な環境のなかで木へと進化することもある。キキョウの仲間のオオハマギキョウ、キクの仲間のワダンノキやヘラナレンが、その代表的な植物。

キク科ながら高さ3〜5mの樹木になるワダンノキ　写真提供：小笠原村観光局

固有種の保護と外来種対策 私たちにできること

小笠原固有の自然を守るためには、外来種の侵入と拡大を防ぐことが大切。拡散防止や駆除をはじめ、さまざまな対策がとられており、観光客の協力も求められる。小笠原のエコツーリズムのルールについても確認しておくこと（→ P.114）。

増え過ぎた外来種
巨大なアカギの森は、薪炭材として植林された木が自生したもの。繁殖力が強く在来の樹木を追いやった。食用として持ち込まれたノヤギや、貨物にまぎれて侵入したグリーンアノールによる食害も問題となっている。

外来種の拡散防止
カタマイマイの天敵であるニューギニアヤリガタリクウズムシなどの侵入を防ぐため、森に入る前には靴底を酢で洗浄し、粘着テープで服を掃除。ノネコやグリーンアノールを捕獲するための罠も仕掛けられている。

> **voice** 2024年時点で日本の世界自然遺産は5ヵ所。日本初の世界遺産のひとつ、鹿児島県の屋久島と、青森県と秋田県にまたがる白神山地に加え、北海道の知床と東京都の小笠原諸島、そして2021年登録の奄美大島、徳之島、沖縄本島北部及び西表島。

異国情緒を感じる不思議なリズム
南洋踊りはどこから伝わった？

「♪ウワドロフィ イッヒヒ イヒヒ」異国の言葉の不思議な歌詞、南国の日差しのように元気な踊り。
小笠原の地理的環境や交易の歴史、そして島を愛する人々の心を体現した伝統芸能「南洋踊り」を紹介する。

南洋踊りとは？

**小笠原と交流があった南洋諸島にルーツをもつ、
島の歴史を今に伝える無形民俗文化財**

　南洋踊りは、南洋諸島（ミクロネシア）にルーツをもつエキゾチックな伝統芸能だ。木製の打楽器カカが刻むシンプルなリズムと、異国の言葉で歌われる曲に合わせて、南国風の衣装に身を包んだ島民が、明るく素朴な踊りを披露する。日本の南進政策の歴史や、東京の最南端という地理的環境、そして南洋諸島からの文化伝播を伝える踊りは、2000年に東京都指定無形文化財に指定されている。

カカのリズムと素朴な歌声が、島の大自然と融合する

由来は？

**欧米系住民が小笠原で広め、
戦後に日本系住民が伝承した文化**

　小笠原に南洋踊りが伝わったのは、日本が南洋諸島を統治していた大正末期から昭和初期にかけて。サイパンに働きに出ていた欧米系住民のジョサイア・ゴンザレスが、現地で南洋の歌や踊りを覚えて帰島後に広めたといわれる。その後、第2次世界大戦時の強制疎開により島での伝承は途切れたが、帰島できない日本系住民によって内地で継承された。そして1968年の小笠原返還を機に、再び島で踊られるようになった。

神社のお祭りでの演目や座興として定着した

voice　南洋踊りは2年に一度、東京・竹芝で開催されるイベント「島じまん」のステージでも披露されている。なかなか島に行けない人も観賞できるチャンス！

特徴は？

南洋踊りはどこから伝わった？

曲 素朴なリズムと不思議な響きの歌詞

「ウラメ」「夜明け前」「ウワドロ」「ギダイ」「アフタイラン」の5曲で構成され、曲間を「レフト、ライト」のかけ声でつなぐ。全体で6～7分の曲だ。「夜明け前」以外の歌詞は南洋諸島の言葉で、カタカナで伝承されており意味は未解明。日本語歌詞の「夜明け前」は、南洋諸島で日本語教育を受けた人が作ったと考えられている。

リズムを刻むカカは、島のタマナの木で作った打楽器。ギンネムの木を削って作ったバチでたたいて演奏する。

手作り楽器！

代表曲！ウワドロ

ウワドロフィ イッヒヒ イヒヒ
ウワドロフィ イッヒヒ イヒヒ
ウワドロフィネーミナ
ウェゲルガ　アラーレンガ
リワツゥグラ
ウェゲルガツゥグラ
ゲッセメデネキント
サヴウェンダ リッヒウェンダ
イッヒヒ イッヒヒ イヒヒ ホホ
サヴウェンダ リッヒウェンダ
イッヒヒ イッヒヒ イヒヒ

ミクロネシアの流行歌をもとにした、男性が若い女性に声をかける歌

こんな意味♡ もうつかまえた。つかまえた。若い娘さんつかまえた。なぜ、あなたは嫌と言う？私のいい人はほかにいる。

返還20周年の内地での舞台を機に生演奏になった

衣装 勇ましさと優雅さを併せもつ衣装

男女ともに素朴でカラフルな衣装

ミクロネシアの民族舞踊を思わせる衣装。動くたびに揺れる腰ミノは、小笠原に縁のある人を通じてパラオから入手しているもので、繊維植物のイチビの木の幹をかんなで削って編んだもの。頭飾りのヘッドバンドは、島に自生するタコノキを加工して自作しており、踊る際には季節の花や葉を飾る。首飾りはフラダンス用のレイを使用し、女性は南国風のプリントの上着やワンピースを着ている。足元は裸足が基本。

タコノキの樹皮から腰ミノを作っていた時期もある

踊り 勇猛なダンスから優雅さも感じさせる舞踊へ

南洋踊りは5曲とも基本的な動作が共通している。左足から始まる足踏みや、手足を大きく振り出す、腕を大きく回す、体をたたくなどの動きが曲ごとに含まれている。全部の曲に共通するのは、ひじから下を地面と平行に前に出す動きだ。

もともとは男性だけの激しい踊りだったが、南洋踊り保存会の初代会長が日本舞踊を習っていたことや女性の踊り手が増加したことから、優しさを感じさせる踊りへと変化したという。

南洋踊りの基礎となる「ウラメ」の一部。手をしっかり振って元気よく踊る

レフト、ライト！

南洋踊り保存会会長
渋谷正昭さん

貴重な芸能を未来につなぐ 南洋踊り保存会とは

小笠原独自の文化を守り次世代に伝える

東京都指定無形文化財の「南洋踊り」の保護と継承を目的に1989年に発足。現在の会員数は父島31人、母島22人。返還祭などで披露するほか、島の小学校の総合学習で子供たちに教えている。南洋諸島のパラオや、同じルーツの踊りが伝承される沖縄県うるま市栄野比地区との交流事業なども行う。

これまでに所属した会員数は、延べ数百人になる

VOICE 7～8月の夏休み期間中、島で開催される「サマーフェスティバル」で、南洋踊りを体験できるイベントを実施している。踊りのほか打楽器のカカの体験も可能だ。

小笠原の大地と向き合い特産品を育てる
島の手しごと

コーヒー栽培
宮川 雄介さん 宮川 空さん
Yuusuke Miyagawa *Kuu Miyagawa*

1. かわいいキャンピングカーと木製のデッキが小笠原の自然と調和する　2. 毎月第3日曜に主催する「アイランドファーマーズマーケット」では、島の農家から新鮮な野菜が集まる。ハンドメイド雑貨も人気　3. USK COFFEEでは「ナチュラル」と呼ばれる精製法を用いる。環境にも優しく独特の甘い風味が特徴

　"コーヒーベルト"と呼ばれる北緯・南緯25度の、やや北に位置している小笠原では、明治時代に試験的にコーヒーが栽培されていた。しかし農業としては根づかず、父島であらためて栽培が始まったのは第2次世界大戦後。小笠原諸島がアメリカから返還されてしばらくたってからのことだ。
　「国内でコーヒーが栽培されているのは、小笠原と鹿児島・沖縄の一部だけなんです」と教えてくれたのは宮川雄介さん。貴重な国産コーヒーを栽培する、小笠原コーヒーの担い手のひとりだ。

　コーヒーは発芽から豆ができるまでに約5年の月日がかかる。雄介さんは土作りから栽培、精製、焙煎までを自分で行い、地道な作業を続けて自家栽培に成功した。
　「自然と調和する栽培を心がけ、農薬は一切使っていません」と雄介さんは言う。
　キャンピングカー1台で始めたコーヒー販売も、現在はオープンデッキが併設され雰囲気のいいカフェに。奥様の宮川空さんによる、島のフルーツなどを使った手作りスイーツを楽しむこともできる。もちろん父島の自然に育まれたコーヒーは格別だ。
　「小笠原で育てたコーヒーは、ぜひこの土地に足を運んで味わってもらいたい」と言う雄介さん。コーヒーを小笠原の文化として残していきたいと語ってくれた。

センスが光る、宮川空さん手作りのスイーツ。コーヒーとの相性は抜群！

USK COFFEE
MAP 折り込み② B2　交 B-しっぷぷから車で12分　(04998)2-2338
時 土・日曜とおがさわら丸入港中の 10:00〜17:00　休 左記以外
駐車場 あり　URL uskcoffee.com

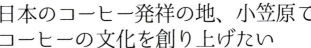

日本のコーヒー発祥の地、小笠原でコーヒーの文化を創り上げたい

Profile * みやがわ　ゆうすけ
2004年から父島に住み、コーヒー栽培を始める。2010年より独自のブランド「ボニンアイランドコーヒー」を販売し、好評を得ている。

コーヒーの実の果皮を乾燥させたものを原料に使った「ギシル・コーヒー」。イエメンではポピュラーだが、日本ではめったに見かけない希少な飲み物。USK COFFEE では自家製のギシルがメニューに登場することも！

深め方

島の手しごと／島に恋して

ゆったりとした小笠原の空気に包まれて
居心地のいい島暮らしを満喫中♪

島に恋して

ザトウクジラやアオウミガメなど、生き物が長い旅を経てやってくる島。ここにくる人間も同じかもしれません

**マーメイドカフェオーナー
あらいたかみさん**

上／出店情報はX（@ Mermaid Cafe2）などSNSで確認を
下／島ラムや島レモン、鮮やかなローゼルなど島の特産品を使った焼き菓子が並ぶ

ケーキや焼き菓子で地産地消
島の農産物のアレンジを提案したい

　島塩のパウンドケーキやフラペチーノ、島レモンやバジルを使った焼き菓子など、小笠原らしいメニューを味わえる移動式の「マーメイドカフェ」を営むのは、1997年から島と関わるあらいたかみさん。

　小笠原のほか、オーストラリア、沖縄とさまざまな場所で生活してきた。小笠原に戻ってきた理由は「深い海の色が好きだから」。「ザトウクジラは子育てに、アオウミガメは産卵にやってきます。小笠原には、生物を引きつける力があるのかも」と話す。

　島では好きなダイビングを仕事に。「挑戦せず後悔する生き方はしたくない」と、あらいさんは描いた夢をかなえて生きてきた。しかし次第に体力の限界を感じ、調理の道へ転向。

　「母島のレストランで働くうちに、自分の店をもちたいと思うようになり、移動式カフェ開業に向けて行動を開始しました」

　道は平坦ではなかったが、2015年の夏にオープン。現在は扇浦海岸前の緑地などで、お客さんと会話を交わしながら店を開いている。「実は小さい頃の夢はケーキ屋さんだったんですよね」と話すあらいさんは、子供の頃の夢も島でかなえた。

Profile * あらいたかみ
エアロビインストラクターやダイビングインストラクターを経て、移動カフェを開店。ブログもチェック！　URL mermaid-chatty.info

voice のんびりとした島の空気に合うのか、小笠原ではサーフボードの上に立ち、パドルを漕いで進むスタンドアップパドルボード（SUP）が大人気。穏やかな湾で自然とともに過ごすエコ体験が受けている。

島で暮らす人々と一緒に盛り上がりたい！
小笠原の祭り歳時記

Festival of Ogasawara

| 父島 | 母島 |

1月

全エリア
日本一早い「海びらき」 ❖ 元日
小笠原で元日に行われる、日本でいちばん早い海びらき。参加すれば、父島、母島ともに「初泳ぎ証明書」がもらえる。観光客も参加できる「ウミガメ放流」のほか、郷土芸能の披露や、父島では海開き神事、招福もちまき、母島では新春鏡びらき、カヌーレースなど、楽しいイベントが盛りだくさん。島の特産品などの景品が当たるくじびきもある。島魚やウミガメを使った珍しいお雑煮を用意しているお店もあるので要チェック！

父島では大神山公園のお祭り広場を中心にさまざまなイベントが開催される

5月

母島フェスティバル
❖ 5月中旬
カメ煮が振る舞われ、パッションフルーツや島トマトなどの試食・販売が行われる。小笠原太鼓や南洋踊りなどの郷土芸能も披露される。

6月

全エリア
返還記念祭 ❖ 6月下旬
小笠原諸島がアメリカから日本へ返還されたことを祝って、返還日である6月26日前後の週末に開催される祭り。父島では島民によるステージや特産品のPRが行われ、母島では替え歌による母島ならではの盆踊りで盛り上がる。海岸で見る花火のほか、演芸大会、郷土芸能披露などで祝う。

2018年には返還50周年の記念式典が開催された

7月

貞頼杯要岩一周人力レース
❖ 7月中旬
スイム、シーカヤック、スタンドアップパドルボードなど、人力で進むならなんでもありの水上レース。扇浦海岸から要岩（かなめいわ）を1周する速さを競う。

小笠原貞頼神社 例大祭
❖ 7月下旬
手作りの御輿を島民と観光客が一緒に担ぐ。「ドッコイ、ドッコイ」というかけ声は、船を漕ぐときのもの。御輿ごと海に走り込むフィナーレは圧巻。

地元では「貞頼さん」の名で親しまれている

8月

小笠原サマーフェスティバル ❖ 7〜8月
約1ヵ月にわたって行われる夏の一大イベント。期間中は盆踊り大会、JAMMIN（村民音楽イベント）、フラ・オハナ（小笠原フラの披露）、南洋踊り&KAKA、ウミガメ放流、野外映画会、ビーチバレー大会、星空観望会などのイベントがめじろ押し。

旅行者も参加できるイベントがたくさんある

母島サマーフェスティバル
❖ 8月
母島ではスターウオッチングをはじめ、ウミガメの放流や南洋踊り体験会などが行われる。納涼祭では花火が打ち上がり、盆踊りの最後には小笠原望郷歌が歌われるのが恒例となっている。

10月

御嶽神社例大祭
❖ 10月上旬
農業の神様を祀った御嶽神社の例大祭では、小笠原太鼓の披露やカラオケ大会が行われる。

11月

大神山神社 例大祭 ❖ 11月1〜3日
父島中心部の大村地区にある大神山神社で毎年11月に行われる例大祭。御輿や演芸（カラオケ）大会のほか、奉納大相撲大会は小笠原の一大イベントとして定着している。父島、母島の力自慢が一堂に会し競い合う姿は必見！

御輿のあとは大相撲大会で盛り上がる

月ヶ岡神社 例大祭
❖ 11月23日
船客待合所の裏にある月ヶ岡神社の例大祭。御輿や山車、演芸大会のほか、子供たちによるチンドン屋や夜店も楽しめる。

12月

クリスマスイルミネーション ❖ 12月中旬
オナガミズナギドリの巣立ち後に父島では二見港の船客待合所前、母島では前浜にある大きなガジュマルをライトアップ。点灯式前には「オナガミズナギドリのおはなし会」が催され、地域住民や観光客への鳥類保護啓発を兼ねたイベントとなっている。

父島のがじゅまる

地域に密着したお祭り

「アイランダー」や「東京愛らんどフェア・島じまん」「麻布十番祭り」「小笠原DAY」など、東京都内で開催されるイベントでは、小笠原に行かなくても島の雰囲気を味わえる。小笠原の郷土芸能が披露されるほか、名産品の販売も！

旅行前に読んでおきたい
おが本セレクション

旅行かばんに忍ばせて、おがさわら丸の中でゆっくり読みたい本の数々。小笠原でしか出合えない固有種について調べたり、歴史や文化について理解を深めたりすれば、旅がさらに充実するはず！

深め方 — 小笠原の祭り歳時記／おが本セレクション

『おどろき！おもしろい！ 小笠原の水の生きもの』
写真絵本
佐々木哲朗 監修、有川美紀子 著
小笠原自然文化研究所　税込 1300円
川や海岸にすむ地味だが小笠原固有の貴重な生物について、絵本で楽しく学ぼう。

『小笠原諸島 固有植物ガイド』
読み応え十分！
ガイド
豊田武司 著
ウッズプレス　税込 3850円
小笠原諸島に生育する固有種のうち120種以上の植物を掲載。図鑑でありながらさまざまな角度からの解説が充実。

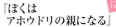

『ぼくは アホウドリの親になる』
ノンフィクション
奮戦苦闘の体験記
南俊夫 著、山階鳥類研究所 監修
偕成社　税込 1760円
写真家の著者が、小笠原諸島の聟島で、絶滅危惧種であるアホウドリのひなを育てるプロジェクトに参加した記録。

『世界自然遺産 小笠原諸島 ―自然と歴史文化―』
ガイド
東京都立大学小笠原研究委員会 編
朝倉書店　税込 3300円
小笠原諸島をフィールドにする研究者が、それぞれの専門分野ごとに自然、歴史、文化について研究成果を紹介する。

『小笠原案内　気象・自然・歴史・文化（小笠原シリーズ）』
社会学
真木太一、真木みどり 共著
南方新社　税込 1320円
気象学専門の著者が、気象・気候を中心に、海洋島である小笠原を多岐にわたって解説する。

『小笠原ハンドブック（小笠原シリーズ）』
図鑑
ダニエル・ロング、稲葉慎 著
南方新社　税込 1650円
海の生物から陸の動植物までカラー写真満載で紹介。歴史や文化にも触れ、小笠原を「もう少し知りたい」人におすすめ。

『ミルシル81号』
情報誌
小笠原をもっと知る
国立科学博物館　税込 428円
国立科学博物館が発行する自然と科学の情報誌の特集に小笠原諸島が登場。世界遺産登録から10年を迎え、小笠原諸島の地質および動植物の生態や保全への課題について紹介している。

『ボニン浄土』
小説
昔の小笠原にタイムスリップ！
宇佐美まこと 著
小学館　税込 902円
江戸後期と現在の小笠原を舞台にした小説。1840年に気仙沼を出港した船が、荒天の末に青い目の先住者が住む「ボニン・アイランド」に漂着する。

旅の情報源！　お役立ちウェブサイト

▶ **小笠原村観光協会**　www.ogasawaramura.com
基本情報、宿泊、アクティビティなどはもちろん、島外イベントなどの情報も充実。

▶ **小笠原母島観光協会**　www.hahajima.com
母島で過ごすための情報が満載。島を訪れる前にはぜひチェックして。

▶ **小笠原村観光局**　www.visitogasawara.com
小笠原を知るための動画やフォトギャラリーが充実。島のイメージがよくわかるサイト。

▶ **小笠原ホエールウォッチング協会**　www.owa1989.com
小笠原のクジラやイルカについて詳しく知りたいならここ。ウオッチングガイドは必見。

▶ **小笠原世界遺産センター**　ogasawara-info.jp
小笠原の世界遺産に関する基礎情報や、地形、生物に関するデータバンクも公開する。

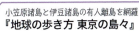

小笠原諸島と伊豆諸島の有人離島を網羅
『地球の歩き方 東京の島々』
ガイド
小笠原諸島の父島、母島を含め、東京の11の有人離島を紹介する全422ページのガイドブック。圧倒的な自然美を誇る小笠原諸島をはじめ、個性豊かな島々の魅力が満載！
地球の歩き方　税込 2640円

 小笠原に関する本を集めたかったら、父島のフリーショップまるひ（→ P.90）に行ってみよう。植物や自然に関する図鑑、写真集など品揃えが豊富。大手書店でもなかなか手に入らない自費出版の本が置いてあることも。

島と唄い、島と踊る——
小笠原古謡がもつ、
そんな感覚が好きなんです

でっかい小笠原古謡を
聞いてみてね♪

悩んでいることがバカらしい。小笠原古謡の明るい旋律と心地よい包容力には、そう思わせるパワーが宿る。母島観光大使としても活躍

小笠原と内地の架け橋となる歌姫、okei
小笠原古謡の魅力を伝える

口承によって残る小笠原古謡を今に伝える歌うたいokeiさん。
島フラや小笠原のイベントにも欠かせない清らかな歌声に癒やされる。

一緒に歌おうよ！ という楽しさが小笠原古謡の魅力

小笠原古謡を専門に歌っている歌手は少ない。okeiさんは、そんな貴重な歌い手のひとり。彼女が古謡に出合ったのは、30年ほど前のことだという。

「友達と集落を散歩していたら、公園で島の人たちがカカ（※）をたたいて楽しそうに唄っていたんです。見ていたら一緒にやりなよって言ってくれて」

もともと音楽をやっていたokeiさんは、小笠原古謡の魅力にどっぷりとはまっていく。

「自然に、あ、唄いたいなって思ったんです。それで、まずは小笠原フラのバンドに入りました。小笠原では古謡とフラの関係がとても深いですから」

小笠原古謡のルーツについては、八丈島から伝わったものと、サイパンやチュークなどミクロネシアの島々からのものがあるといわれている。古謡が醸し出す南洋の空気感は、そのへんに理由がありそう。フラとの相性がよいのもうなずける。

1曲でいいから小笠原古謡を知ってほしい

「私にとって小笠原古謡は、ひたすら明るくて、ふわふわしたイメージ。歌詞だけ読むと悲しい話でも、曲にすると楽しくなっちゃう。不思議な旋律なんですよね」

小笠原古謡の魅力について尋ねると、okeiさんは笑ってそう答えた。

「古謡から小笠原が見えてくるような気がするんですよね。島と唄い、島と踊る……小笠原古謡がもつ、そんな感覚が好きなんです」

口承だけで伝えられた古謡は10曲弱。学校でも教えている。

「島ではみんな知っているけれど、内地で小笠原古謡っていっても知っている人のほうが少ないですよね。だから、小笠原の歌といえばこれだよねというのを、1曲でいいから知ってもらいたいんです」

情熱的に語るokeiさん。小笠原古謡を広めるために、精力的に配信ライブや自身のライブ活動を続けている。

小笠原古謡以外に、オリジナルの楽曲も豊富

 Profile okeiさん

透明感あふれる歌声とウクレレの音色で聴く人の心を癒やす小笠原古謡の唄うたい。小笠原古謡を広めるため、日本の客船などで小笠原諸島の歴史についての講演やコンサートを行っている。おがさわら丸の船内でも歌が流れるので、リピーターにはおなじみ。コロナ禍で配信ライブを始め全国にファンを定着させた。

okei_ukulelesinger

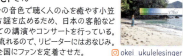

「しまの音〜紡ぐ〜」（税込み2200円）…定番の小笠原古謡「ウラメ」「レモン林」「丸木舟」のほか、オリジナル曲の「大切なもの」「愛の唄」など全10曲を収録したフルアルバム

※カカ…タマナの木をくり抜いて作った打楽器

出発前にチェックしておきたい！

旅の基本情報
Basic Information

小笠原の旅に欠かせない基礎知識をご紹介。

島への行き方からシーズンや見どころ、予算の話まで、

スムーズに旅を楽しむために知っておきたいトピックを網羅しました。

旅の基礎知識

太平洋の真ん中で、大自然に囲まれながらレジャーやグルメを楽しめる小笠原。島の特徴や過ごし方など、旅の前に知っておくべきポイントを紹介します。

PART 1 まずは小笠原について知ろう
東京から1000km離れた島々は独特の自然と文化をもつ

◆ 唯一無二の世界遺産の島へ 貨客船で丸1日かけてアクセス

小笠原諸島には濃紺の海と深緑の森が広がる

国や民族を超えて未来に引き継ぐべき貴重な自然をもつことから、2011年に世界自然遺産に登録された小笠原諸島。これまで一度も大陸と地続きになったことがない海洋島であるため、固有種や希少種の割合が高いこと、島の中で独自の進化を遂げた動植物が多く見られることなど、独自の生態系をもつ地球上でも希有な島として、高く評価されている。

アクセスは海路のみで、東京の竹芝客船ターミナルから父島の二見港まで「おがさわら丸」で24時間。さらに、父島から母島まで「ははじま丸」で2時間。観光客は父島か母島のどちらかに滞在することになる。旅行に必要な日数は、船内2泊と現地3泊の合計5泊6日が基本。ゴールデンウイークや夏休み、年末年始などのハイシーズンには増便されるため、日程のアレンジの幅が広がる。

2016年7月に就航した3代目おがさわら丸。東京〜父島を24時間で結ぶ

◆ 亜熱帯の楽園で 海や陸のアクティビティに挑戦!

亜熱帯性気候に属する小笠原諸島。海洋性であるため気温の変化が少なく、真冬でも温暖で過ごしやすいのが特徴。マリンアクティビティは1年を通して行われており、ドルフィンスイムやホエールウオッチング、シーカヤックなどが人気を集めている。ボニンブルーと称される深い藍色の海で、人生観が変わるような迫力のネイチャーシーンが繰り広げられる。

深い緑に覆われた島内は、小笠原固有の生物が暮らす楽園。陸上でもさまざまなツアーが開催されており、オガサワラオオコウモリやアカガシラカラスバトなど、希少な生物を観察できるチャンスもある。現地3泊の基本スケジュールは意外にあっという間なので、事前にいろいろな情報を調べるなど旅のプランニングは入念に行いたい (→P.38)。

野生のミナミハンドウイルカと泳ぐドルフィンスイムは絶対に外せない

◆ 島の大部分と周辺海域が 貴重な自然が残る国立公園に!

小笠原諸島は父島と母島の市街地を除くほとんどのエリアが国立公園に指定されている。その大部分が国立公園のなかでも特別地域と呼ばれる規制が厳しいエリアで、陸域も海域も動植物や土石の採取・捕獲が規制されている。さらに国立公園法に基づく規制以外にも多くの自主ルールが定められているので、フィールドに出る際は注意すること (→P.114)。すべての旅行者に「小笠原の自然環境を正しく評価し尊重しながら未来へと引き継いでいく」という意識が求められる。

小型ボートで東京都自然環境保全促進地域に指定された南島へ。ガイドの指示に従おう

小笠原のことをもっと知ろう デジタルパンフレットをチェック!

小笠原へ出かける前に、本誌とあわせて確認しておきたいのが、小笠原村観光協会の公式サイト。宿泊施設や飲食店をはじめ、アクティビティ情報も網羅されているので、下調べから予約までバッチリ。デジタルパンフレットのページでは、島で配布されているガイドマップ等を閲覧できる。また環境省が主宰する小笠原世界遺産センターの公式サイトでは、小笠原の自然に関するパンフレットが公開されている。

小笠原世界遺産センター
URL ogasawara-info.jp
小笠原村観光協会デジタルパンフレット
URL www.ogasawaramura.com/guide-book

voice 晴れた日は、竹芝桟橋出港後におがさわら丸の甲板から富士山を眺めることができる。羽田空港沖では、富士山を背景に着陸する飛行機が見られることもあるので、カメラを持って要チェック!

旅の基本情報

PART 2 小笠原旅行のノウハウQ&A

旅行を快適にするためにおさえておきたいポイントを紹介

シーズンのノウハウ

ザトウクジラは2〜3月がベスト

Q. ベストシーズンはいつ？

A. 6月中旬〜8月。でも1年中楽しめる！

小笠原の天気が安定するのは6月中旬〜7月。梅雨前線が本州付近に押し上げられると、太平洋高気圧に包まれ晴天が続く。8〜9月頃も天気のよい日が多いが、台風が発生するとアクティビティやおがさわら丸の運航に影響があることも。見られる動植物や楽しめるアクティビティは季節によって異なるので、旅の目的を主体に旅行時期を考えよう。

Q. 海で遊べるのはいつ？

A. 1年中、遊べます

小笠原の海びらきは、日本でいちばん早い1月1日。1年を通して海で遊べるが、水着で快適に泳げるのは5〜10月頃。そのほかのシーズンはウエットスーツがあるとよい。ボートで沖に出る際は防寒具の用意を。

Q. 服装の注意点は？

A. 上着や雨具を用意して

1年を通して温暖な小笠原。ただし、前線の影響で強い風が吹くことや、スコールのような雨が降ることもある。日焼け止めや帽子などの紫外線対策、長袖シャツや防虫スプレーなどの虫よけ対策も忘れずに。

遊び方のノウハウ

夜の森ってフシギ♪

Q. 小笠原に着いたらまずどこへ？

A. 観光協会の窓口へ

クジラの絵が目印のB-しっぷ。観光情報やイルカ・クジラ情報はこちらへ

おがさわら丸が到着する父島二見港の船客待合所に観光案内所が併設されているほか、港から徒歩5分ほどのB-しっぷと呼ばれる建物内に観光協会やホエールウォッチング協会が入っている。母島は沖港船客待合所に観光協会がある。

Q. 現地ツアーは予約が必要？

A. 旅行前の予約が安心

ドルフィンスイムやホエールウオッチングなど、人気ツアーは混雑が予測されるので旅行前に予約しておきたい。レンタカーやレンタバイクも台数に限りがあるので早めに。

Q. 商店の営業時間は？

A. 18:00〜19:00時に閉店が一般的

島内にはスーパーや雑貨店などが揃うが、24時間営業の店はない。ほとんどの商店は8:00からの営業で、18:00〜19:00に閉まってしまう。また、おがさわら丸の入港前日や出港翌日が定休日となる店が多い。

お金のノウハウ

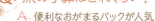

ニョロニョロ

Q. 旅の予算はどれくらい？

A. 便利なおがまるパックが人気

おがさわら丸の大人片道2等和室が2万円台後半、ははじま丸の大人片道2等が5000円程度、民宿が1泊2食付きで7000〜9000円が大まかな目安。おがさわら丸を運航する小笠原海運が、乗船券と宿泊をセットにした「おがまるパック」を割安で販売している。

Q. クレジットカードは使える？

A. 現金払いが主流

一部の宿泊施設や飲食店でカードが使えるものの、ほとんどの店舗では現金で支払うのが一般的。ただしキャッシュレス決済対応の店も増えている。

Q. ATMは充実している？

A. ゆうちょ銀行や地方銀行で

父島の郵便局。帰りに荷物を宅配便で送るのにも便利

父島には郵便局のATMが2ヵ所と七島信用組合があり、都市銀行のカードも利用できる。母島には郵便局がありATMも利用できる。

 VOICE 小笠原の滞在先となる父島・母島ではキャンプや野営が禁止なので、必ず宿泊施設を予約しておくこと。おがさわら丸の乗船券は出港日の2ヵ月前から発売される。繁忙期はすぐに定員に達してしまうので早めのアクションを。

食事のノウハウ

野菜や果物もおいしい！

オナガダイやカンパチなど新鮮な刺身は必食

トロピカルカクテルを楽しみながら旅を満喫

Q. 飲食店はどこにある？
A. 港の周辺にたくさん

父島には、島料理を楽しめる居酒屋から、おしゃれなレストランまで飲食店が充実。お店は二見港周辺に集中しているので、外食を楽しみたい人は、港の周辺に宿泊先を見つけるのがベスト。繁華街は小規模なので徒歩でも十分に見て回ることができる。
母島の飲食店は数軒のみで、沖港周辺に点在している。

Q. 食事の前に予約が必要？
A. 席数が少ないお店も

完全予約制の飲食店はほとんどないが、席数が少ない人気店もあるので、目当ての飲食店がある場合は予約しておきたい。イセエビなど希少な食材は売り切れてしまうこともあるので、事前に確認しておくと安心。

Q. アクティビティ参加時のランチは？
A. お弁当を用意するのが基本

海や山への1日ツアーに参加する際のランチは、ショップに用意してもらうか、自分で準備するかのどちらか。一般的には自分で用意することが多い。商店ではパンや弁当が販売されているほか、弁当を作ってくれる宿泊施設もある。（→P.55）

弁当は商店や弁当店で購入、または宿泊施設に用意してもらおう

おみやげのノウハウ

小笠原の塩はどんな料理にもぴったり

タコノ葉細工のブレスレットやキーホルダー

Q. 人気のおみやげは？
A. 島ならではの民芸品や食材

小笠原の固有種であるタコノキの葉を加工して、籠やアクセサリーにしたタコノ葉細工は個性的なおみやげに。最も種類が豊富なのは食品で、小笠原の海水から取った塩、島トウガラシを使ったラー油や醤油、パッションフルーツのジャムやお菓子、はちみつなどが人気。

Q. おみやげはどこで買う？
A. 港周辺にショップが並ぶ

父島の二見港や母島の沖港周辺に、みやげ物店が並ぶ。滞在中にチェックをして余裕をもって購入しよう。買い忘れた場合は、竹芝客船ターミナルに併設された伊豆諸島・小笠原諸島のアンテナショップ「東京愛らんど」でも購入できる。

買い忘れに気づいたら東京愛らんどへ！

Q. 荷物が重くなったらどうする!?
A. 宅配便を利用しよう

かさばる荷物は宅配便で送るのがベスト。島の宿泊施設や商店で取り扱っている。また、おがさわら丸出港日の宅配便は、父島の郵便局が10時まで、二見港船客待合所の隣にあるヤマト運輸臨時窓口が9〜11時に受け付けている。

ネットワークのノウハウ

Q. 携帯電話は通じる？
A. 市街地ではほぼ大丈夫

父島も母島もドコモ、au、ソフトバンク、楽天モバイルが使用できる。ただし、一部機種では機能が限られることがあるほか、市街地から離れると圏外になってしまうことがある。

Q. インターネットは使える？
A. 港や公共施設にフリースポットが

父島では小笠原ビジターセンターやB-しっぷ、二見港船客待合所、二見港ははじま丸待合所が無料Wi-Fiスポットになっている。母島では沖港船客待合所が無料Wi-Fiスポットに。父島ではカフェやレストランでも無料でWi-Fiにアクセスできるところが増えている。父島で手に入るガイドマップにネット環境が掲載されているので参考に。

滞在中の非常食（?）として、おがさわら丸の船内売店「ショップドルフィン」でパンをいくつか買って下船。普通のパンより賞味期限が長く、種類も豊富だったので、素泊まり時の朝食はもちろん、ツアーの昼食や夜食にも重宝しました。（東京都　シゲルさん）

宿泊のノウハウ

おもてなしの宿が充実！

レストランを併設した宿もあり、食事も期待大！

Q. どんな宿泊施設があるの？
A. 大型ホテルはないが、種類は豊富

小笠原にはほかのリゾート地のような大型ホテルはない。家族経営のペンションや民宿が多く、キッチン付きのコンドミニアムも人気がある。相部屋のドミトリータイプや、共有のリビング、キッチン、トイレ・バスなどを用意したシェアハウスなど、リーズナブルで自由な旅を満喫できる宿泊施設も増えている。旅のスタイルにあわせて選ぼう。

海の見える宿！
小笠原は、どの宿もアットホームな雰囲気で居心地がいい

Q. どの宿も基本的に朝食・夕食付き？
A. 宿によって異なる

食事プランは宿によって異なるが、父島のペンションや民宿の場合、素泊まり、朝食付き、朝夕食付きから選べることが多い。自炊できる宿もある。母島は飲食店が少ないので朝夕食付きが一般的だが、自炊の宿も増加中。

Q. 宿泊エリアはどこがいい？
A. 目的と旅スタイルに応じて選ぼう

父島の場合、外食や買い物、アクティビティに便利なのは大村地区で、宿泊施設も充実している。また、最近は海に近く静かな環境の扇浦地区に個性的な宿が増えており、人気が出ている。母島は沖港周辺徒歩10分の範囲に宿が集中している。

Q. 島に着いてから部屋を確保できる？
A. 宿は必ず予約していくこと

小笠原の宿泊施設は総じて客室数が少なく、10室に満たない宿が多い。特に繁忙期はすぐに満室になってしまうので、早めの予約を心がけたい。また小笠原ではキャンプおよび野宿が禁止されているため、宿の予約が必須。

Q. 宿泊施設のWi-Fi環境はどう？
A. 環境が整った宿が増えている

ほとんどの宿がWi-Fi環境を整えているが、客室で利用可能か、共有スペースでのみ利用可能かは宿による。どうしても必要な人は確認を。通信速度に関しては比較的安定しているが、こちらも宿による部分がある。

PART 3

気になる！ 小笠原の食が知りたい

小笠原の名物料理や島魚、小笠原ならではの野菜、フルーツを紹介！

低カロリーなドラゴンフルーツ！

◆ 小笠原の食材

写真提供：小笠原村観光局

島寿司など郷土料理は必食

小笠原の代表的な料理といえば、サワラなどの白身魚を醤油やみりんに漬け込んでから握る島寿司。伊豆諸島の八丈島から伝わったといわれ、ワサビの代わりにカラシを使うのが特徴。甘い酢飯とカラシが絶妙に調和する。また小笠原では貴重なタンパク源として伝統的にウミガメ漁が行われてきた。現在も年に135頭と制限されたなかで水揚げされており、島内の飲食店でアオウミガメの刺身や煮込みを味わうことができる。

近海産の高級海鮮をチェック

海に囲まれた小笠原は新鮮な魚介類が豊富。高級食材として日本全国に出荷されるオナガダイやアカハタ、シマアジ、カンパチは1年を通して島の飲食店に並び、刺身や焼き魚として味わうことができる。イセエビも小笠原の名物だが、漁獲量が減っており希少なので、食べたい場合は飲食店に確認を。また、水揚げがあればメカジキやマグロ、キンメダイが出回るほか、タコの薫製やサワラのみりん干しなど、水産加工品も製造されている。

旬の果実を味わおう

南国ならではの食材といえば、太陽の恵みをたっぷりと浴びて育った果物。ドラゴンフルーツやパッションフルーツはそのまま食べられるのはもちろん、お菓子などの加工品も多く、おみやげに喜ばれる。さわやかな島レモンも飲食店の定番だ。トマトやズッキーニといった島野菜も人気が高く、サラダや天ぷらとして楽しむことができる。野菜や果物は島内の飲食店で味わえるほか、農協などで買って帰る人も多い。気になる旬はP.16の表でチェック！

VOICE 旅行前に宅配便で荷物を送る場合は、いつ出荷すれば乗船するおがさわら丸と一緒に積まれるのか運送会社に確認を。到着しても、宿泊施設へ荷物が届くのが翌日になることもあるので、到着日に利用するものは手荷物にするか1航海前の船に載せること。

「おが丸」で24時間の船旅を楽しもう！

小笠原へのアクセス

「おが丸」の愛称で知られるおがさわら丸は、東京・竹芝桟橋と父島・二見港を結ぶ唯一の定期貨客船。24時間の長い船旅は快適で、思いのほかあっという間。乗船した瞬間から島を感じられるナチュラルな雰囲気が魅力的！

● 3代目おがさわら丸で行こう！
● 所要24時間の快適な船旅！

東京・竹芝桟橋を11:00に出発し、船上から東京湾の眺めを楽しむ。その後、船内を散策している間にあっという間にサンセット＆スターウオッチング。小笠原までの24時間は、予想しているよりもずっと早く過ぎていくはずだ。→ P.46

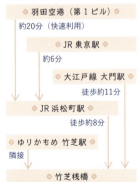

- 竹芝桟橋　往11:00／復15:00
- 伊豆大島通過　往14:50／復11:10
- 三宅島通過　往16:10／復9:50
- 八丈島通過　往18:50／復7:15（八丈島まで300km）
- 鳥島通過　往1:20／復0:40
- おがさわら丸　24時間（父島まで1000km）
- 北之島通過　往9:00／復15:05
- 父島　往11:00／復15:00
- 母島まで50km　ははじま丸 2時間
- 母島

◆ 全国から同日乗船が可能に！
- 羽田空港（第1ビル）
- ↓ 約20分（快速利用）
- JR東京駅
- ↓ 約6分
- 大江戸線 大門駅
- ↓ 徒歩約11分
- JR浜松町駅
- ↓ 徒歩約8分
- ゆりかもめ 竹芝駅
- ↓ 隣接
- 竹芝桟橋

☎ 小笠原海運　03-3451-5171
🏠 東京都港区芝浦3-7-9サニープレイス田町8階（JR山手線田町駅芝浦口から徒歩5分）
URL ogasawarakaiun.co.jp

おがさわら丸のノウハウ　予約と乗船手続きの方法

✿ 5つの予約方法を解説！
乗船券は東京出港日の2ヵ月前の同日から、東京発便とその直後の父島発便を発売する（発売日が土・日曜、祝日の場合は翌日）。ただしゴールデンウイークや夏休み、年末年始は、一斉発売日が設定される。

▶ **インターネットで予約・購入**：小笠原海運のウェブサイトから会員登録のうえ、予約・購入することができる。インターネット予約では7・8月が3％、それ以外が5％の割引になる。

▶ **小笠原海運へ電話して予約**：電話で予約し、乗船料を銀行に振り込む。予約の受付は東京を出発する日の14日前まで。乗船券と宿泊がセットになった「おがまるパック」も電話での予約。

▶ **東海汽船竹芝支店へ来店して購入**：竹芝旅客船ターミナルの東海汽船にて、現金、クレジットカードで購入できる。

▶ **旅行代理店で購入**：小笠原海運と契約のある旅行代理店で乗船券を予約・購入できる。

✿ 割引について
学生は2等和室、2等寝台、特2等寝台が20％の割引になる。身体障がい者、知的障がい者、精神障がい者は全等級、本人と介護者または付添人1人が50％の割引になる。

✿ 乗船手続きと乗船方法
電話予約の場合はチェックインカウンターで予約確認書を提示し必要書類を受け取る。東海汽船・旅行代理店で購入した場合は乗船券を提出して搭乗券を受け取る。インターネット購入の場合は、必ず搭乗券引換証をプリントアウトしておくこと。船席の等級順に案内されるので、待合所で乗船のアナウンスを待とう。

✿ おがさわら丸に持ち込める荷物
船内に持ち込める手回り品は、3辺の和が2m以下、重さ30kg以下のものを2個まで。制限を超えた荷物は、手小荷物として預けること（一般1200円、冷蔵・冷凍品1560円）。手小荷物のサイズは縦が2m以下、重さは30kg以下。手小荷物を超えた荷物は、一般貨物として預ける。

- ● 自転車・オートバイ（50cc未満）3707円
- ● オートバイ（125cc未満）7414円
- ● サーフボード 1650円

※一般貨物には燃料油価格変動調整金が別途加算される。

▶ おがさわら丸　運賃・料金表（大人1人　片道・税込み）
運賃は月により変動し、おおむね2ヵ月前に確定するので小笠原海運のウェブサイトで必ず確認を。

等級	特等室	特1等室	特2等寝台	2等寝台	2等和室
大人	8万4190円	7万6280円	5万9160円	4万2730円	3万2190円	2万8250円
子供	4万2100円	3万8140円	2万9580円	2万1370円	1万6100円	1万4130円

▶ 個室貸切料金と3人利用の割引額

	特等室	特1等室	1等室
1人利用時の個室貸切料金	+1万8000円	+1万8000円	+6000円
3人利用時の3人目の割引額	—	-1万5000円	—

※2025年1月時点
※運賃は、燃料油価格変動調整金により加算・減算される。貸切料金、割引額には燃料油価格変動調整金は適用されません。※子供は小学生を指す。未就学の幼児は大人1人につき1人無料。1人を超える場合は、子供運賃が適用される。※1歳未満の乳児は無料。無料の乳幼児の席は同伴者と合わせて1席となる。

---

voice｜おがさわら丸では、電波が途切れる海上でも船内放送で洋画・邦画・アニメなどのDVDを流している。テレビがない2等船室でも、3デッキのサロン「南島」で見られる。放送内容は4デッキ案内所に掲示される。

小笠原へのアクセス／母島へのアクセス

おがさわら丸　船室ガイド

往復48時間を過ごすおがさわら丸。どの船室を選ぶかも重要！

☆：レディースルームのある船室　◆：おがまるパックの基本利用船室

2等和室（エコノミー）★
カーペット敷きの広間。レディースルーム、ファミリールームもある。
2・3・4デッキ

こんな人におすすめ：とにかく安くおさめたい人、学生、ファミリー

2等寝台（エコノミーベッド）★◆
上下2段ベッドが対面になっている。4ベッドで1ユニットが基本。
4・5デッキ

こんな人におすすめ：小さなグループ、ファミリー、女性ひとり旅

特2等寝台（プレミアムベッド）★
上下2段ベッドが上段同士か下段同士で対面。2ベッド1ユニットが基本。
5デッキ

こんな人におすすめ：カップル・夫婦、女性、プライバシー重視の人

1等室（スタンダード）
シングルベッド2台の個室。テレビや電気ポット、アメニティも充実。
5・6デッキ

こんな人におすすめ：カップル・夫婦、女性ふたり旅、熟年層、プライバシー重視の人

特1等室（デラックス）
シングルベッド2台とソファベッドがあり3人利用も可。バス・トイレ付き。
6・7デッキ

こんな人におすすめ：カップル・夫婦、熟年層、3人までのグループ、プライバシー重視の人

特等室（スイート）
キングサイズベッド1台にバス・トイレ付き。専用ラウンジ＆デッキもある。
7デッキ

こんな人におすすめ：熟年層、ハネムーナー、リッチな人

ははじま丸で行こう！
母島へのアクセス

父島と母島の間をおおむね週4〜5回、1往復する「ははじま丸」（片道運航の日もあり）。おが丸からスムーズに乗り継げるほか、おが丸入出港日以外にも日帰りできるようなスケジュールとなっている。冬季は航海中にクジラが見られることが多く「ホエールライナー」とも呼ばれている。所要時間は2時間。

ははじま丸船客待合所へのアクセス

クジラのモニュメント　おがさわら丸船客待合所　連絡通路 徒歩2分　ははじま丸船客待合所
おがさわら丸　ははじま丸

ははじま丸のノウハウ　▶ 予約と乗船手続きの方法

❖ 予約不要！　直接船客待合所へ
ははじま丸は予約制ではないので、乗船する日に父島の船客待合所へ行き購入する。購入にあたっては現金、クレジットカードのほか交通系電子マネーや2次元コード決済も可能。

❖ 基本の運航スケジュール
父島〜母島間をおおむね週4〜5便、日帰りで運航しているが、日をまたぐ便もあるので注意。おがさわら丸入港日は父島発12:00、出港日は母島発12:00、それ以外は父島発7:30、母島発14:00というのが基本のスケジュール。運航スケジュールは必ず右記の伊豆諸島開発あるいは左記の小笠原海運のウェブサイト（→P.130）で確認すること。

❖ 乗船券の購入方法
乗船券は父島、母島の船客待合所にある窓口で購入する。出港当日、出港時間の約1時間前からの発売となる。購入できるのは片道のみ。満席で乗船できないことはまずないのでご安心を。

❖ おがさわら丸から乗り継ぐには
おがさわら丸下船後、そのまま母島へ向かう人は、乗り継ぎ時間が1時間程度しかないので素早く移動する。ははじま丸船客待合所までは徒歩2分程度だが、荷物があると時間をとられる。またははじま丸には売店やレストランはないので、昼食の確保も忘れずに。いちばん近い弁当店はパーラー MAKANAI（→P.24）。

◆ ははじま丸　運賃・料金表
（片道・税込み）

詳細は伊豆諸島開発または小笠原海運のウェブサイトで確認、または電話で問い合わせを。運賃はおおむね2ヵ月前に確定。

等級	2等	個室利用料 個室椅子席A（1〜4人用）	個室椅子席B（1〜2人用）
大人	4960円	5000円	3000円
子供	2480円		

※燃料油価格変動調整金が別途加算・減算されます。※2025年1月時点

問　伊豆諸島開発株式会社
☎　03-3455-3090
URL　izu-syotou.jp

---

voice　小笠原海運では「おがまるパック」という往復の船と宿がセットになったお得な商品を販売している。船室は2等寝台で、宿泊施設は20軒以上のなかから選べる。現地で使えるクーポンも付いているので、予約前にチェックしてみて。

父島&母島内の移動術

父島も母島も人気のビーチや展望スポットへの道路が整備されている。南国の景色を眺めながら、レンタバイクや路線バスで目的の場所へ！

父島の島内アクセス

飲食店や商店が集まる大村地区内は徒歩で十分。小港海岸までは路線バスが運行。自由に移動するならレンタバイクやレンタカーで。

村営バス

島民の生活と観光客の移動を支える村営バス。住宅地や宿泊施設が集中する大村と清瀬、奥村を巡回し、境浦や扇浦を経て小港海岸までを結ぶ。平日の運行時間は 7:00 ～ 18:00 で、1時間に1本が目安。休日はやや少なくなる。ほとんどの区間で乗り降りが自由なため、交差点やカーブなど危険な場所を除けば、道路で手を上げて停車してもらえる。

■所要時間の目安
村役場前→奥村	3分
村役場前→境浦海岸	6分
村役場前→扇浦海岸	9分
村役場前→小港海岸	20分

■乗車料金（全区間）
大人 200円　小学生 100円
※1日券
大人 500円　小学生 250円

バス
小笠原村営バス営業所
電 (04998) 2-3988

レンタカー・レンタバイク・レンタサイクル

レンタカーは少ないので早めの予約を。レンタバイクは普通免許で運転できる 50cc が充実。レンタサイクルは集落から離れると勾配がきついので電動アシスト付きがベター。

レンタカー
小笠原整備工場レンタカー　電 (04998) 2-2626　MAP 折り込み③ B1
ササモクレンタカー　電 (04998) 2-2987　MAP P.84A3
アイランダー・レンタカー　電 080-2945-5977　MAP 折り込み① C2
MIYAGAWA Base ㈱ミヤガワレンタカー　電 (04998) 2-3474　MAP P.84B1

レンタバイク
小笠原観光(有)　電 (04998) 2-3311　MAP 折り込み① B2

レンタサイクル
小笠原観光(有)　電 (04998) 2-3311　MAP 折り込み① B2

タクシー

1人でも利用できる乗合タクシーは、半日で島内の見どころを案内してもらえる。じっくり観光を楽しみたいなら、リクエストベースの貸切タクシーが便利。普通タイプなら4人まで、大型車なら12人まで乗車できる。

タクシー
小笠原観光(有)　電 (04998) 2-3311
MAP 折り込み① B2
父島ガイドSAN　電 (04998) 2-3509
MAP 折り込み③ A1

母島の島内アクセス

元地集落と静沢集落は歩いて10分ほどで移動が可能。路線バスはないので、観光はレンタバイクかレンタカー、レンタサイクルを利用する。

レンタカー・レンタバイク・レンタサイクル

母島でも小回りがきく 50cc のレンタバイクが人気。レンタカーは島に数台しかないので予約は早めに。

レンタカー
小笠原サービスレンタカー　電 (04998) 3-7030　MAP 折り込み⑤ B4
民宿しまてらす　電 (04998) 3-5333　MAP P.102C2

レンタバイク
アンナビーチ母島　電 (04998) 3-2468　MAP P.102B3
民宿しまてらす　電 (04998) 3-5333　MAP P.102C2
ダイブリゾート母島　電 (04998) 3-2442　MAP P.102A3

レンタサイクル
小笠原スマイルサイクル（シェアサイクル）沖港船客待合所　MAP P.102B3

有償運送

2.5時間からの島内観光コースをはじめ、2kmまで500円～11kmまで2000円（2人利用時の1人当たりの料金）の有償運送と呼ばれる乗合タクシーが運行。当日でも手配できるが、台数が限られているので早めに予約したい。連絡は小笠原母島観光協会へ。

有償運送
小笠原母島観光協会
電 (04998) 3-2300
MAP P.102B3

父島の路線バスには大村～奥村循環線と扇浦線のふたつの路線がある。循環線は、集落地区を海沿いから回り始めるブルーラインと、丘の上から回り始めるオレンジラインの2ルート。扇浦線は集落地区から小港海岸までを結ぶ往復路線。

旅の基本情報

おもな宿泊施設リスト

※そのほかの宿泊施設は、父島→P.91〜、母島→P.106〜をご覧ください。

◇ 父 島

大村地区

ヴィラシーサイド MAP P.84A3 ☎ (04998)2-2507
料 素6000円〜 朝7100円〜 朝夕9300円〜 客室数 9室
URL sites.google.com/view/ogasawaravillaseaside

ウエスト MAP P.84A3 ☎ (04998)2-2573
料 素8500円〜 朝9500円〜 朝夕1万円〜 客室数 5室
URL ogasawara-west.tokyo

トロピカルイン PAPAYA MAP 折り込み① A3 ☎ (04998)2-2377
料 素4000円〜 客室数 6室

民宿ささもと MAP P.84A3 ☎ (04998)2-2641
料 素8400円〜 朝8900円〜 朝夕9900円〜 客室数 12室
URL ogasawaranoyado.web.fc2.com

父島ペンション MAP P.84A3 ☎ (04998)2-2252
料 素4600円〜 朝5600円〜 朝夕6800円〜 客室数 6室

プルメリアヴィレッジ MAP P.84A3 ☎ (04998)2-2507
料 素6500円〜 朝7600円〜 朝夕9200円〜 客室数 8室
URL sites.google.com/view/ogasawaravillaseaside

ホテルブーゲン MAP P.84A3 ☎ (04998)2-2255
料 素8800円〜 朝9900円〜 客室数 12室
URL hotelbougain.wixsite.com/bougainvillea

きり丸ハウス MAP P.84A2 ☎ 080-4293-7583 料 素5000円〜
客室数 6室 URL reserva.be/kirimaruhouse2（予約サイト）

シーフロント MAP 折り込み① B2 ☎ (04998)2-7072
料 素6000円〜 客室数 5室 カード 可
URL urashiman.com/seafront

ISHI P'（いしぴー） MAP 折り込み① B2 ☎ (04998)2-7570
料 素6000円〜 客室数 6室 URL iship-ogasawara.com

サンシャイン小笠原 MAP 折り込み① A2 ☎ (04998)2-3018
料 素6400円〜 朝7400円〜 朝夕9900円〜 客室数 8室

美空荘 MAP 折り込み① A2 ☎ 090-2142-9736
料 素6500円〜 客室数 4室
URL www.misora-so.com

民宿 なぎ屋 MAP 折り込み① A1 ☎ (04998)2-2506
料 素5000円〜 朝6000円〜 朝夕7500円〜 客室数 9室

グリーンヴィラ MAP 折り込み① A1 ☎ (04998)2-2186
料 素4400円〜 客室数 18室

ログハウス星の詩 MAP 折り込み① B2 ☎ (04998)2-3333
料 素1万円〜 客室数 3室 カード 可
URL www.hoshinouta.jp

小笠原観光(有)Balena MAP 折り込み① B2 ☎ (04998)2-3311
料 素2万2500円(3泊) 客室数 4室
URL www.ogasawarakanko.com

コンドミニアム Passion MAP 折り込み① C2 ☎ (04998)2-2976
料 1室2万1000円〜 客室数 2室
URL www.passion7.info/index.htm

小笠原ダイビングセンター MAP 折り込み① B1 ☎ (04998)2-2021
料 素7700円〜 客室数 4室 URL www.ogasawara-dc.com

ホテルナインボール MAP 折り込み① C1 ☎ (04998)2-3151
料 素7000円〜 客室数 20室
URL www.ogasawara-ichiba.com/page/15

ゲストハウス バンブーイン MAP 折り込み① C2 ☎ (04998)2-2503
料 素8800円〜 客室数 5室
カード 可 URL bamboo-inn.tokyo

島宿アイランダーハウス MAP 折り込み① C2
☎ 080-2945-9177 料 ドミトリー素8000円〜 客室数 2室 カード 可
URL islander.localinfo.jp

オーベルジュ・サウ MAP 折り込み① C1
☎ (04998)2-2136 朝夕1万2400円〜 客室数 2室 カード 可
URL auberge-sato.tokyo

Mary's Inn MAP P.84A3 ☎ 04998-2-2230
料 素1万2000円〜 客室数 3室 ✉ marysinn.ogasawara

シートピア MAP 折り込み① D1 ☎ (04998)2-2714
料 朝夕1万900円〜 客室数 5室 URL seatopia.moo.jp

民宿がじゅまる MAP 折り込み① D2 ☎ (04998)2-3432
料 素5000円〜 客室数 4室

シルバームーン MAP P.84C2 ☎ (04998)2-2835
料 素6000円〜 客室数 4室

ホライズンドリーム MAP 折り込み① D2 ☎ (04998)2-2612
料 素1万9800円〜 客室数 7室 カード 可

宮之浜・清瀬・奥村地区

ターンハウス 美津 MAP P.84C1 ☎ (04998)2-2035
料 素7200円〜 朝8000円〜 客室数 14室

のあ MAP P.84B1 ☎ (04998)2-2644
料 素8500円〜 客室数 2室

クレセント MAP P.84B1 ☎ (04998)2-2653
料 素8800円〜 朝9900円〜 客室数 6室

民宿たつみ MAP 折り込み③ A1 ☎ (04998)2-2755
料 素7700円〜 朝8800円〜 客室数 5室

ログハウス・メール MAP P.84B1 外 ☎ (04998)2-3323
料 素7500円〜 客室数 4室 URL loghousemer.pepper.jp

境浦・扇浦・小曲・小港地区

オーシャンビューアパートメント MAP 折り込み② B1
☎ (04998) 2-2024 料 素1万円〜 客室数 5室

民宿かなめ MAP 折り込み② B1 ☎ (04998)2-3346
料 朝夕1万1000円〜 客室数 2室
URL minsyukukaname.web.fc2.com

ペンション sea glass MAP 折り込み② B2 ☎ (04998)2-3789
料 素9000円〜 朝9800円〜 客室数 4室
URL sea-glass.jp

INN こうもり亭 MAP 折り込み② B2 ☎ 080-2163-1480
料 素1万2500円〜 朝1万3500円〜 朝夕1万5000円〜
客室数 4室 カード 可 URL inn-koumoritei.info

ペンション扇浦 MAP 折り込み② B2 ☎ (04998)2-3355
料 朝夕1万2500円〜 客室数 7室 URL www.ougiura.com

父島コテージ MAP 折り込み② B2 ☎ (04998)2-3038
料 素6500円〜 客室数 3室

ペンション JIGGER MAP 折り込み② B2 ☎ (04998)2-3615
料 素5000円〜 朝6000円〜 朝夕7800円〜 客室数 3室
URL pension-jigger.com

シャンティバンガロー MAP 折り込み② B2 ☎ (04998)2-7266
料 ドミトリー素6600円〜 客室数 6室 URL shantibungalow.com

ゲストハウス島じかん MAP 折り込み② B2 ☎ (04998)2-7057
料 素1万1000円〜 客室数 4室 カード 可 URL ogasawara-one.com

◇ 母 島

静沢地区

海の家 亜太郎 MAP P.102A3 ☎ (04998)3-2178
料 素3850円〜 客室数 3室 ※女性専用、島民専用

元地地区

LeCiel MAP P.102C2 ☎ (04998)3-2139
料 素1万2000円〜 客室数 6室
URL leciel-inn.jimdofree.com

voice ビーチ帰りにぬれた水着や服のままで村営バスに乗るのはNG。砂だらけのサンダルでの乗車も避けたい。バスは島民の生活の足であることを念頭におき、マナーを守って利用しよう。

観光案内所活用術

島の過ごし方、遊び方ならお任せ！

小笠原への旅を満喫するなら、まずは観光案内所へ足を運ぼう。地図やパンフレットをはじめ、島の最新情報が入手できる！

活用術◎1
港のターミナルビルで情報収集

父島では、おがさわら丸が到着する二見港船客待合所の観光案内所か、観光協会とホエールウォッチング協会が入っている、港から徒歩約5分のB-しっぷ（商工観光会館）へ。母島では、ははじま丸が発着する沖港船客待合所に観光協会が入っている。

父島二見港の船客待合所。小笠原の旅はここから！

活用術◎3
旬のアクティビティ情報をゲット！

マリンアクティビティやフィールドツアーは1年を通して行われている。ただし、内容によってはシーズンが限られることもあるので事前に確認を。空きがあれば当日の連絡でも参加できるので、混雑状況などを観光協会に問い合わせよう。

ドルフィンスイムは波が穏やかなら1年中楽しめる

活用術◎2
島のパンフレットをゲット

観光協会では、父島と母島のガイドマップを無料で入手できる。各島の観光スポットや飲食店、商店が詳細に記されていてとても便利。世界自然遺産のパンフレットには、小笠原の自然がもつ価値をはじめ、森や海の魅力、島の食や文化などが紹介されている。

小笠原村観光協会のウェブサイトには電子版も（→P.126）

活用術◎4
東京アイランドドットコムをチェック！

東京諸島観光連携推進協議会が運営する東京の11の島々を紹介したウェブサイト。小笠原諸島も父島、母島が掲載され、モデルコースや多彩なムービーが紹介されている。

東京諸島観光連携推進協議会
電 (03)3436-6955
URL www.tokyo-islands.com

見やすい構成でほしい情報にアクセスしやすい

まずはここへ！ 小笠原の観光案内所

観光案内所
（二見港船客待合所内）

小笠原の玄関口となる二見港ターミナルビル内の観光案内所。おがさわら丸の入出港に合わせて窓口を開けている。島に着いてすぐの情報収集はここが便利。館内にはみやげ物店も。

MAP P.84C2
交 B-しっぷから徒歩約5分
時 おがさわら丸入港日の10:30～12:00頃、出港日の8:00～15:30
休 おがさわら丸入出港日以外

小笠原村観光協会

B-しっぷ（商工観光会館）と呼ばれるクジラが描かれた建物が目印。ホエールウォッチング協会を併設しているため、イルカやクジラ情報もお任せ。周辺は飲食店や商店が並ぶ繁華街。

MAP 折り込み① A2
交 B-しっぷ内
電 (04998)2-2587
時 8:00～12:00、13:30～17:00
休 なし
URL www.ogasawaramura.com

小笠原母島観光協会

沖港船客案内所内の観光案内所。母島情報を入手するにはこちらへ。島内観光の相談にものってもらえるので、母島に到着したらまず立ち寄ろう。
写真提供：小笠原村観光局

MAP P.102B3 交 沖港内
電 (04998)3-2300
時 8:00～11:30、13:00～17:00
休 おがさわら丸出港中の土・日曜、祝日
URL hahajima.com

東京愛らんど
竹芝客船ターミナルでもチェック！

竹芝客船ターミナル内にあるアンテナショップ。観光情報はもちろん、島の特産品を購入することもでき、おみやげの買い足しにも便利。島が恋しくなったらふらりと訪れるのもおすすめ！

住 東京都港区海岸1-12-2 竹芝客船ターミナル内
電 (03)5472-6559
時 10:00～18:00、土・日曜・祝日～20:00
休 なし
URL www.tokyoislands-net.jp

---

voice 東京都と公益財団法人東京観光財団が販売するプレミアム付き宿泊旅行商品券「しまぽ通貨」。令和6年度（第2期）以降の販売に関しては未発表だが、かなりお得な島旅が実現するのでこまめにチェックしよう。 URL shimapo.com

索引

観る・遊ぶ　食べる・飲む　買う　泊まる

父島　50

- アイランダー・レンタカー …… 132
- 旭山展望台 …… 53、85
- 旭山 …… 52
- 旭山遊歩道 …… 76
- ウェザーステーション展望台 …… 53、79、85
- 扇浦海岸 …… 67、70
- 大神山公園 …… 53、85
- 大神山神社 …… 85
- 大村海岸 …… 67、70
- 小笠原海洋センター …… 80、86
- 小笠原神社 …… 85
- 小笠原水産センター …… 86
- 小笠原整備工場レンタカー …… 132
- 小笠原世界遺産センター …… 86
- 小笠原ビジターセンター …… 86
- 小笠原ホエールウォッチング協会 …… 61、63
- 小笠原村観光協会 …… 134
- コペペ海岸 …… 70
- 小港海岸 …… 52、67、70、75
- 境浦海岸 …… 67、70
- ササモクレンタカー …… 132
- ジニービーチ …… 67、71
- ジョンビーチ …… 67、71、75
- 聖ジョージ教会 …… 86
- 製氷海岸 …… 52、67、71
- 父島ガイド SAN …… 132
- 千尋岩 …… 53、72
- 釣浜 …… 67
- 長崎展望台 …… 53
- 中山峠展望台 …… 52、85
- ハートロック（千尋岩） …… 53、72
- 初寝浦海岸 …… 67
- 初寝浦展望台 …… 53
- 初寝浦遊歩道 …… 76
- 東平アカガシラカラスバトサンクチュアリ …… 74
- ブタ海岸 …… 67
- 南島 …… 56、71
- MIYAGAWA Base 株ミヤガワレンタカー …… 132
- 宮之浜 …… 67、71
- あめのひ食堂 …… 87
- 居酒屋ふくちゃん …… 88
- 一品香クルーズ・海遊 …… 89
- うわべや …… 29
- オーベルジュ・サトウ …… 88
- きまぐれカフェ …… 88
- グレース・島のお茶やさん …… 27
- 島寿司 …… 88
- SWEETS FACTORY ALAMO …… 26
- 父島がじゅまる食堂 …… 87
- 茶里亭 …… 29
- チャーリー・ブラウン …… 87
- チャラ日和 …… 25
- トキちゃん …… 89
- 南国酒場 こも …… 87
- バー・クレヨン …… 89
- ハートロックカフェ …… 88
- パーラー MAKANAI …… 24
- 波食波食 …… 88
- PIR HALE …… 27
- ボーノホライズン …… 87
- Bonina …… 29
- 丸丈 …… 86
- まんた …… 30
- 曼茶羅 COFFEE …… 27
- やすみん家 …… 89
- ヤンキータウン …… 89
- USK COFFEE …… 28
- 洋風居酒屋 CHARA …… 120
- Radford …… 89
- アイランド・デリ …… 24
- 小笠原アイランズ農協直売所 …… 90
- 小笠原海豚屋 …… 82
- ギフトショップ ハートロック …… 82
- スーパー小祝 …… 90
- たまな …… 90
- 手作りみやげパパの手 …… 90

- 野瀬農園 …… 20、81
- バンガウル …… 89
- フリーショップまるひ …… 90
- ベントウ屋 hitoshi …… 24
- Honu …… 25
- マーメイドカフェ …… 25、121
- まーる …… 90
- makimaki …… 89
- MERIENDA …… 25
- lululani …… 90
- ローカルベーカリー …… 24
- アイランドリゾート父島南島 …… 91
- AQUA …… 91
- ISHI P'（いしぴー） …… 133
- INN こうもり亭 …… 133
- ヴィラシーサイド …… 133
- ウエスト …… 133
- ウエスト ANNEX …… 91
- エコビレッジぽーらん …… 93
- オーシャンビューアパートメント …… 133
- オーベルジュ・サトウ …… 133
- 小笠原観光（有）Balena …… 133
- 小笠原ダイビングセンター …… 133
- 小笠原ユースホステル …… 48、93
- 海遊 …… 92
- カナカヴィレッジ …… 31
- きり丸ハウス …… 133
- グリーンヴィラ …… 133
- クレセント …… 133
- ゲストハウス島じかん …… 133
- ゲストハウス バンブーハウス …… 133
- ゲストハウスやすおん家 …… 93
- コンドミニアム Passion …… 133
- 境浦ファミリー …… 92
- サンシャイン小笠原 …… 133
- シートピア …… 133
- シーフロント …… 133
- シェアハウス 海 …… 93
- 島宿アイランダーハウス …… 133
- シャンティバンガロー …… 133
- シルバームーン …… 133
- ターンハウス 美津 …… 133
- 父島コテージ …… 133
- 父島ビューホテル …… 133
- 父島ペンション …… 133
- トロピカルイン PAPAYA …… 133
- のあ …… 133
- ハートロックヴィレッジ …… 133
- バットイン …… 31
- パパスアイランドリゾート …… 93
- パパスアイランドリゾート HALE …… 91
- 風土の家 TETSUYA …… 30
- プルメリアヴィレッジ …… 133
- ペンション扇浦 …… 133
- ペンション・キャベツビーチ …… 92
- ペンション sea glass …… 133
- ペンション JIGGER …… 133
- ペンション ボンウェーブ …… 92
- ポートロイド …… 92
- ホテルナインボール …… 133
- ホテル ビーチコマ …… 92
- ホテルブーゲン …… 133
- ホテル・ホライズン …… 30
- ホテル宿ふく …… 93
- ボンブルーシマの宿ちどり …… 93
- ホライズンドリーム …… 133
- Mary's Inn …… 133
- 美空荘 …… 133
- 民宿がじゅまる …… 133
- 民宿かなめ …… 133
- 民宿ささもと …… 133
- 民宿つたみ …… 133
- 民宿なぎ屋 …… 133
- リゾートインガゼボ …… 92
- ログハウス星の詩 …… 133
- ログハウス・メール …… 133

母島　94

- Irie isle（アイリーアイル） …… 95
- 石次郎海岸 …… 97、103
- uli-hahajima（ウリハハジマ） …… 95
- 小笠原サービスレンタカー …… 132
- 小笠原スマイルサイクル …… 132
- 小笠原母島観光協会 …… 132、134
- 海徳丸 …… 95
- カノープス母島 …… 95
- 北ис …… 103
- 北村小学校跡 …… 104
- 旧ヘリポート …… 97、104
- 清見が岡鍾乳洞 …… 104
- 桑の木山 …… 104
- 小富士 …… 96、100
- 鮫ヶ崎展望台 …… 96、103
- サンセットシアター …… 97、104
- 静沢の森遊歩道 …… 103
- 小剣先山 …… 96、101
- シン・パーソナルツアー POCO（ポコ） …… 95
- 新夕日が丘 …… 104
- 石門 …… 97
- ダイビング母島 …… 95、132
- 田澤 誠治 …… 95
- 乳房山 …… 97、98
- 月ヶ岡神社 …… 103
- 東港探鯨灯下旬台 …… 104
- フィールドエスコート hilolo …… 95
- 船木山の滝 …… 105
- 蓬莱根海岸 …… 97
- 前浜のガジュマル …… 96
- マミー・シャーク …… 95
- 南崎 …… 96、100
- 御幸之浜展望台 …… 103
- 茂木永氷園 …… 95
- ロース記念館 …… 105
- 六本指地蔵 …… 104
- 脇浜なぎさ公園 …… 105
- アウストロ …… 105
- 居酒屋徳徳 …… 105
- お食事めぐろ …… 105
- 88cafe …… 105
- 漁協売店 …… 106
- 農協売店 …… 106
- BOOTERS …… 106
- 前田商店 …… 106
- LeCiel …… 106
- アイランドリゾート母島南風 …… 106
- アンナビーチ母島 …… 107、132
- 海の家 亜太郎 …… 133
- クラフトインラメフ …… 106
- ペンションドルフィン …… 107
- ペンションりゅう …… 107
- ペンション漁魚 …… 107
- 民宿しまてらす …… 107、132
- 民宿つき …… 107
- 民宿メグロ …… 107
- LeCiel …… 133
- 脇浜ハウス …… 107

※父島のアクティビティ会社は P.83 をご覧ください。

135

地球の歩き方 島旅 08

小笠原 父島 母島 OGASAWARA 4訂版

STAFF

Producers	松崎恵子、斉藤麻理
Editors & Writers	高井章太郎（アトール）、荒沢 光、 のなかあき子、藤根ゆかり、三浦 淳（U-mix）
Photographers	松島正二、冨田マスオ
Photo	PIXTA
Designer	坂部陽子（エメ龍夢）
Illustration	たしぎ、來栖 彩
Maps	千住大輔（アルト・ディークラフト）
Proofreading	ひらたちやこ
Coordinate	佐藤和美、冨田マスオ
DTP	ダイヤモンド・グラフィック社
Special Thanks	小笠原村産業観光課、小笠原村観光協会、 小笠原母島観光協会、小笠原村観光局、小笠原海運株式会社
Contributed Photographers	トロピカルイン PAPAYA、島田克己（ボニンブルーシマ）、 スタジオもののふ！、森田康弘（小笠原ダイビングセンター）、 梅野ひろみ（フィールドエスコート hilolo）、Hiroshi Sato（Wanaka）

地球の歩き方 島旅 08　小笠原 父島 母島 4訂版

2025 年 4 月 22 日　改訂第 4 版第 1 刷

著 作 編 集	地球の歩き方編集室
発 行 人	新井邦弘
編 集 人	由良暁世
発 行 所	株式会社地球の歩き方 〒 141-8425　東京都品川区西五反田 2-11-8
発 売 元	株式会社 Gakken 〒 141-8416　東京都品川区西五反田 2-11-8
印 刷 製 本	大日本印刷株式会社

※本書は基本的に 2024 年 8 月の取材データに基づいて作られています。
　発行後に料金、営業時間、定休日などが変更になる場合がありますのでご了承ください。
　更新・訂正情報 ▶ https://www.arukikata.co.jp/news/support/

> **本書の内容について、ご意見・ご感想はこちらまで**
> 〒 141-8425　東京都品川区西五反田 2-11-8
> 株式会社地球の歩き方
> 地球の歩き方サービスデスク「島旅　小笠原編」投稿係
> URL ▶ https://www.arukikata.co.jp/guidebook/toukou.html
> 地球の歩き方ホームページ（海外・国内旅行の総合情報）
> URL ▶ https://www.arukikata.co.jp/
> ガイドブック『地球の歩き方』公式サイト
> URL ▶ https://www.arukikata.co.jp/guidebook/

● この本に関する各種お問い合わせ先
・本の内容については、下記サイトのお問い合わせフォームよりお願いします。
　URL ▶ https://www.arukikata.co.jp/guidebook/contact.html
・広告については、下記サイトのお問い合わせフォームよりお願いします。
　URL ▶ https://www.arukikata.co.jp/ad_contact/
・在庫については　Tel ▶ 03-6431-1250（販売部）
・不良品（乱丁、落丁）については　Tel ▶ 0570-000577
　学研業務センター　〒 354-0045　埼玉県入間郡三芳町上富 279-1
・上記以外のお問い合わせは　Tel ▶ 0570-056-710（学研グループ総合案内）

© Arukikata. Co., Ltd.
本書の無断転載、複製、複写（コピー）、翻訳を禁じます。
本書を代行業者等の第三者に依頼してスキャンやデジタル化することは、
たとえ個人や家庭内の利用であっても、著作権法上、認められておりません。
All rights reserved. No part of this publication may be reproduced or used in any form or by any means,
graphic, electronic or mechanical, including photocopying, without written permission of the publisher.

※本書は株式会社ダイヤモンド・ビッグ社より 2017 年 1 月に初版発行したものの最新・改訂版です。
※学研グループの書籍・雑誌についての新刊情報・詳細情報は、下記をご覧ください。
　学研出版サイト　https://hon.gakken.jp/
　地球の歩き方島旅公式サイト　https://www.arukikata.co.jp/shimatabi/

読者プレゼント

ウェブアンケートに
お答えいただいた方のなかから、
毎月 1 名様に地球の歩き方
オリジナルクオカード（500 円分）
をプレゼントいたします。
詳しくは下記の
二次元コードまたは
ウェブサイトをチェック！

https://www.arukikata.co.jp/
guidebook/enq/shimatabi